VEGAN
RUNDUM VERSORGT

Rezepte für jeden Tag

VEGAN
RUNDUM VERSORGT

Rezepte für jeden Tag

Texte und Rezepte: Lena Merz
Fotos: Katrin Winner
Illustrationen: Ela Strickert

RUNDUM VERSORGT –
MIT VEGANER ERNÄHRUNG

VEGANE REZEPTE –
GERICHTE MIT NÄHRSTOFFGARANTIE

RUNDUM VERSORGT –
mit veganer Ernährung

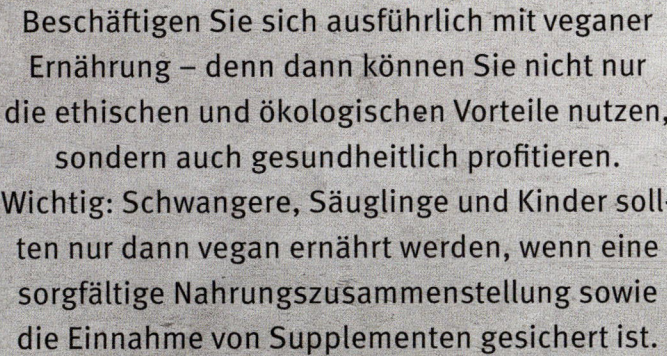

Beschäftigen Sie sich ausführlich mit veganer Ernährung – denn dann können Sie nicht nur die ethischen und ökologischen Vorteile nutzen, sondern auch gesundheitlich profitieren. Wichtig: Schwangere, Säuglinge und Kinder sollten nur dann vegan ernährt werden, wenn eine sorgfältige Nahrungszusammenstellung sowie die Einnahme von Supplementen gesichert ist.

VEGAN KOCHEN – gewusst wie

Vegane Rezepte schmecken nicht nur, sondern sind auch gesund. Je mehr Hintergrundwissen zu den Nährstoffen vorhanden ist, umso entspannter lässt es sich angehen.

Die Nahrung versorgt uns einerseits mit Energie zum Leben, andererseits mit Makro- und Mikronährstoffen, die uns helfen gesund zu bleiben. Da unser Körper Mikronährstoffe (wie Vitamine, Mineralstoffe und Spurenelemente) nicht selbst herstellen kann, müssen wir sie regelmäßig aufnehmen. Je einseitiger dabei die Ernährung, umso schwieriger ist es, alle Nährstoffe abzudecken. In der veganen Ernährung sind einige Lebensmittel ausgeschlossen, daher ist es von entscheidender Bedeutung zu wissen, mit welchen Lebensmitteln wir die essenziellen Vitamine, Mineralstoffe, Spurenelemente und sekundären Pflanzenstoffe zu uns nehmen können.

BUNT UND VIELFÄLTIG

Als vegan lebender Mensch kann man immer noch aus einer breiten Lebensmittelpalette wählen. Je bunter und vielfältiger Sie dabei essen, desto mehr unterschiedliche Inhaltsstoffe nehmen Sie auf. Greifen Sie also zu Lebensmitteln in allen Farben des Regenbogens, zu weichen, knackigen, scharfen, süßen, würzigen, milden, heißen und kalten Zutaten und – nicht vergessen! – trinken Sie auch ausreichend.

KLAR IM VORTEIL

Neben den positiven Auswirkungen auf die Umwelt durch einen geringeren CO_2-Verbrauch der konsumierten Lebensmittel, liegt in der rein pflanzlichen Ernährung auch ein starkes Gesundheitspotential. Die hohe Nährstoffdichte von pflanzlichen Lebensmitteln bei gleichzeitig niedriger Energiedichte hat einen positiven Einfluss auf viele Krankheiten – allen voran Adipositas, Diabetes Typ 2 sowie Bluthochdruck. Veganer essen im Schnitt mehr Ballaststoffe, weniger ungesunde Fette und wesentlich mehr Gemüse und Obst, was Einfluss auf viele Zivilisationskrankheiten hat.

Ihre tägliche Orientierung

Sollten Sie sich dauerhaft für eine vegane Ernährung entscheiden, sind regelmäßige Bluttests sinnvoll. So können Sie auf Ihren Körper abgestimmt herausfinden, welche Nährstoffe Ihnen eventuell fehlen, und diese über Nahrung oder Supplemente zuführen. Für die tägliche Praxis bietet Ihnen die vegane Lebensmittelpyramide (s. rechts) eine gute Orientierung, um sich bedarfsgerecht zu ernähren. Das Prinzip: Je weiter unten an der Basis ein Lebensmittel steht, umso öfter sollte es auf den Teller kommen.

DIE VEGANE ERNÄHRUNGSPYRAMIDE

Die Pyramide zeigt, wie sich eine tägliche vegane Ernährung gestalten lässt. Dabei steht es Ihnen frei, welche Gemüse, Obst und Hülsenfrüchte Sie auswählen, um den Bedarf zu decken. Wichtig: Vitamin D kann über Sonneneinstrahlung auf der Haut gebildet werden. In den Wintermonaten ist eventuell eine Supplementierung erforderlich. Ausreichend Trinken ist essenziell, um die Nährstoffe optimal aufnehmen zu können. Vitamin B_{12} kommt in pflanzlichen Lebensmitteln nicht ausreichend vor – daher sind Ergänzungsmittel nötig.

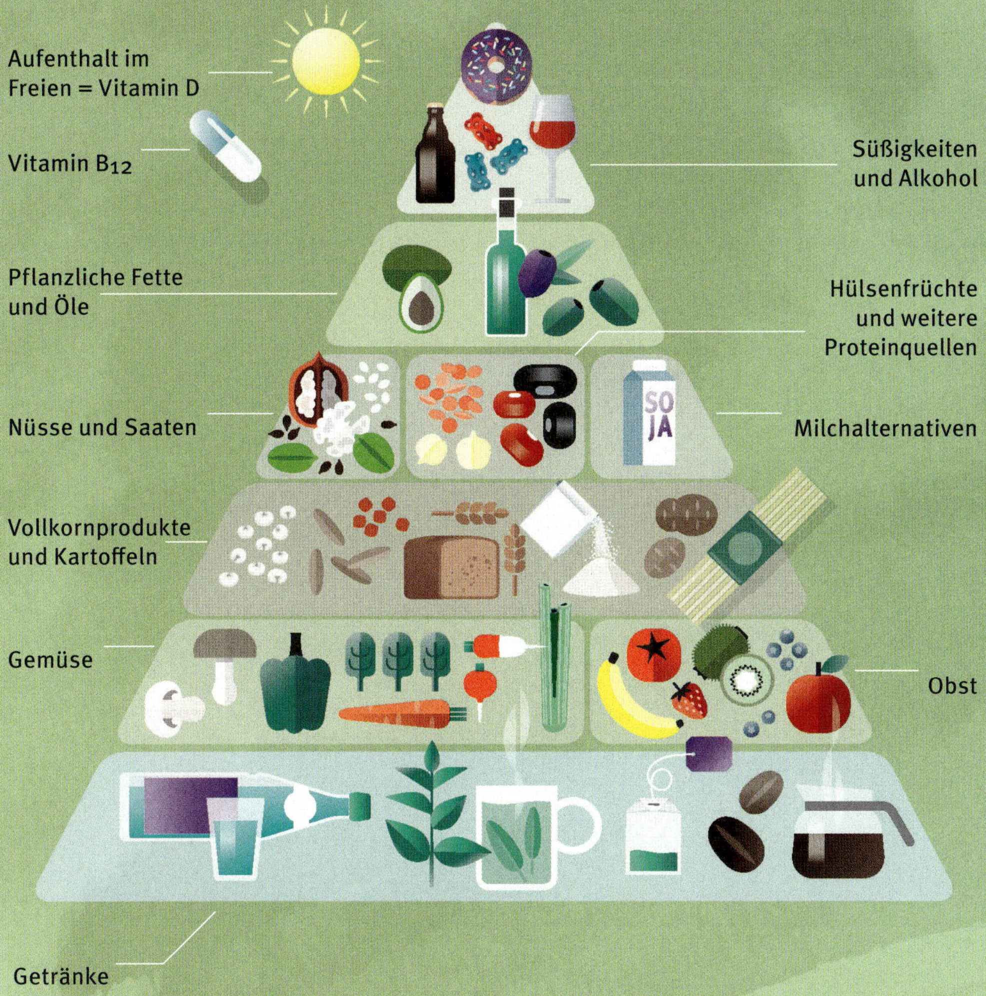

Aufenthalt im Freien = Vitamin D

Vitamin B_{12}

Süßigkeiten und Alkohol

Pflanzliche Fette und Öle

Hülsenfrüchte und weitere Proteinquellen

Nüsse und Saaten

Milchalternativen

Vollkornprodukte und Kartoffeln

Gemüse

Obst

Getränke

OBST UND GEMÜSE – Vitaminpower für jeden Tag

Zuviel Obst und Gemüse? Gibt es nicht! Sie bilden die Basis der veganen Ernährungspyramide – täglich sollten mindestens 5 Portionen auf den Teller.

Gemüse punktet mit seiner hohen Nährstoffdichte – bei gleichzeitiger Energiearmut. Wir nehmen also wenig Kalorien und dafür viele Nährstoffe zu uns, wenn unsere Gerichte viel Gemüse enthalten. Vor allem für sekundäre Pflanzenstoffe wie Lycopin oder Glucosinolate ist Gemüse unverzichtbar, weil diese nur in Pflanzen vorkommen.

GEMÜSE IST TRUMPF

Schon mit der richtigen Auswahl an Gemüse können Sie den Baustein für eine hochwertige Versorgung legen. Einige Gemüsesorten liefern uns besonders viele Mikronährstoffe

BESONDERS NÄHRSTOFFREICH

Gemüse aus der Familie der Kreuzblütler sowie Zwiebelgewächse gelten als besonders gesund. Dazu zählen Knoblauch, Zwiebeln, Bärlauch, Lauch, Rosenkohl, Grünkohl, Rote Bete, Brokkoli, Weißkohl, Blumenkohl, Kohlrabi, Radieschen.

(s. Kasten). Außerdem kommen in Gemüse viele Ballaststoffe vor, ungesunde Fette dafür kaum. Ein weiterer Pluspunkt sind die sekundären Pflanzenstoffe, die in tierischen Lebensmittel kaum und in Obst und Gemüse reichlich vorkommen. Sie haben krankheitsvorbeugende Wirkung, und ein Mangel kann das Erkrankungsrisiko erhöhen.

Gemüse richtig lagern

Saisonales, nicht gelagertes Gemüse frisch vom Feld enthält die meisten Nährstoffe. Sie können aber auch auf TK-Gemüse zurückgreifen. Verstauen Sie das Gemüse direkt nach dem Einkauf bei 0–2° im Kühlschrank und lagern Sie es dunkel. Kälteempfindliche, mediterrane Sorten am besten dunkel bei 5–10° aufbewahren. Generell gilt: schnell verzehren und nicht zu lange lagern.

Schonend zubereiten

Wer damit argumentiert, dass ihm Gemüse nicht schmeckt, hat mit Sicherheit die richtige Art der Zubereitung noch nicht kennengelernt. Schuld daran sind vermutlich auch viele traditionelle Gerichte, die oft aus völlig zerkochten Gemüsebeilagen bestehen.

Das gilt für ein nährstoffschonendes Garen:

- Das Gemüse im Ganzen waschen und erst danach zerkleinern.
- Beim Putzen nur entfernen, was weg muss. Bio-Möhren mit Schale essen, Brokkolistiele schmecken ebenfalls.
- Lieber dünsten oder backen als kochen – je weniger Wasser im Topf, desto weniger wasserlösliche Vitamine schwemmen aus.
- Pro Mahlzeit 3–5 g Fett aus Avocado, Pflanzenölen, Nüssen oder Saaten erhöhen die Aufnahme von fettlöslichen Vitaminen und sekundären Pflanzenstoffen.

ROHKOST – MUSS DAS SEIN?

Die Mischung macht's. Es hat sich gezeigt, dass die Energieausbeute aus erwärmtem Gemüse höher und die Verdauung besser ist. Allerdings können beim Erhitzen wertvolle Inhaltsstoffe wie Vitamine inaktiviert werden. Wenn Sie Ihren Gemüseverzehr durch Rohkost steigern, wirkt das positiv. Ein Trick: Rohes und gekochtes Gemüse innerhalb einer Mahlzeit kombinieren – damit lässt sich die krebshemmende Wirkung von Schwefelverbindungen erhöhen.

WELCHE ROLLE SPIELT OBST?

Der Verzehr von Obst gehört zur ausgewogenen Ernährung dazu. Obst liefert im frischen, saisonalen und reifen Zustand viele Nährstoffe, allerdings können diese mit langer Lager- und Transportzeit abnehmen. Obst eignet sich für Desserts oder als Snack

BESONDERS NÄHRSTOFFREICH
Auch innerhalb der Obstgruppe gibt es Sorten mit höherer gesundheitlicher Wirkung. Dazu zählen vor allem antioxidantienreiche Sorten wie Beeren: Blau-, Erd- und Himbeeren liefern reichlich Farbstoffe, ebenso Pflaumen und Granatäpfel.

und um Vitamine aufzunehmen. Dabei spielt es keine so große Rolle wie andere Lebensmittelgruppen. Zudem ist die Sättigungsleistung von Obst nicht sehr hoch.

Das kann Obst

Die sekundären Pflanzen- und Ballaststoffe in Früchten wirken blutzuckerregulierend. Der Mythos, Obst sei aufgrund des vielen Fruchtzuckers schädlich, ist widerlegt. Allerdings kommt es auf die Art des Verzehrs an: Ganze Früchte haben nicht nur mehr Ballaststoffe und machen daher länger satt, sondern sind auch am nährstoffreichsten. Mit jedem Verarbeitungsschritt gehen Inhaltsstoffe verloren. So sind Smoothies nicht mehr so optimal wie Stückobst – und Säfte schneiden noch schlechter ab, da hier die Ballaststoffe fast vollständig fehlen.

AUF EINEN BLICK

Essen Sie 5 Portionen Gemüse und Obst in unterschiedlichen Farben und Zubereitungen über den ganzen Tag verteilt.

GETREIDE UND HÜLSENFRÜCHTE – Eiweiß und Energie pur

Ob Hafer oder Dinkel, Bohne oder Linsen – sie sind der Garant für unsere tägliche Versorgung mit Kalorien und entscheidend für eine gesunde Ernährung.

Seit Zehntausenden von Jahren sind verschiedene Getreidesorten und Hülsenfrüchte Teil unserer Nahrung. Das ergibt sich zum einen aus der langen Lagerfähigkeit, zum anderen aus dem wertvollen Inhalt, weil sie bis auf einige Ausnahmen einen Großteil der für den Mensch essenziellen Nährstoffe liefern. Der tägliche Energiebedarf variiert zwar von Mensch zu Mensch und hängt von individuellen Merkmalen wie körperlicher Aktivität, Lebensphase (z. B. Schwangerschaft) und Alter ab – lässt sich aber durch den Verzehr von Getreide und Hülsenfrüchten nachhaltig decken. Die beiden Gruppen bilden die zweite Basis der veganen Lebensmittelpyramide (s. S. 9).

BESONDERS NÄHRSTOFFREICH

Am besten wählt man Getreide aus dem vollen Korn – gegarter Kamut, Hirse, Emmer oder Dinkel. Sowie die Pseudogetreidesorten Amarant und Quinoa, die reichlich Protein, Eisen und Zink enthalten.

KOMPLEXE KOHLENHYDRATE

Etwa 50 Prozent der Nahrungsenergie sollte laut DGE (Deutscher Gesellschaft für Ernährung) aus Kohlenhydraten stammen. Nur durch den regelmäßigen Verzehr von Getreide können wir dieses Ziel dauerhaft schaffen. Trotz widersprüchlicher Publikationen ist sich die Wissenschaft einig: Vollkorn ist gesund und liefert viele Vorteile – wie positive Effekte auf Cholesterinspiegel, Körpergewicht oder Blutdruck.

Getreide in der Praxis

Die Rezepte ab S. 34 zeigen, dass sich Getreide täglich in den Speiseplan einbauen lässt. Vollkornmehl schmeckt in Pancakes am Morgen, Graupen mittags in einer Bowl und Hirse in leckeren Feierabend-Bratlingen. Getreide gibt es als ganzes Korn oder geschrotet, als Flocken oder Brei, in Brot oder Pasta. Sowohl die Ursprungsgetreide Dinkel, Weizen, Kamut und Emmer als auch Verwandte wie Reis oder Hirse und Pseudogetreide wie Buchweizen, Amarant und Quinoa lassen sich flexibel einsetzen. Abwechslung auf dem Teller sorgt für Vielfalt bei der Nährstoffversorgung.

Das steckt drinnen

Vollkorngetreide liefert uns viele Nähr-stoffe, die vor allem in den Randschichten sitzen. Je weniger stark verarbeitet das Getreide wurde, desto wertvoller ist es für den Körper. Dabei stehen an erster Stelle die Ballaststoffe. Neben Protein versorgen uns viele Sorten außerdem mit essenziellen Mikronährstoffen wie Eisen, Magnesium, Zink, Vitamin E und B_1 sowie Folsäure. Die Bekömmlichkeit stark stärkehaltiger Getrei-desorten, von Weißmehlprodukten und Reis kann durch die Zugabe von Essig verbessert werden. Essig hat positiven Einfluss auf den Blutzucker- und Insulinspiegel.

LINSEN, BOHNEN & CO.

Hülsenfrüchte und daraus hergestellte Produkte wie Tofu oder Tempeh haben ein großes gesundheitliches Potential. Einer-seits aufgrund ihrer Zusammensetzung mit 15–23 Prozent Ballaststoffen und 25–35 Prozent Protein, andererseits sind sie fett- und kalorienarm. Dunkle Sorten wie Kidneybohnen und schwarze Bohnen haben dabei die größte antioxidative Kraft. In der veganen Ernährung spielen Hülsenfrüchte eine besonders große Rolle bei der Pro-teinversorgung. Sie liefern vor allem die essenzielle Aminosäure Lysin, auf deren Zufuhr der Körper angewiesen ist. Lysin hilft beim Aufbau von Muskeln, Hormonen und Enzymen. Es ist essenziell für die Wundhei-lung und hat Einfluss auf den Eisen- und Kalziumstoffwechsel.

BESONDERS NÄHRSTOFFREICH
Dunkle Sorten wie Kidneybohnen, Schwarze Bohnen, Pintobohnen und Berglinsen liefern reichlich bioaktive Substanzen, zum Beispiel Anthocyane und Phenole. Auch helle Sorten wie weiße Bohnen sind Nährstoffbomben.

Hülsenfrüchte in der Praxis

Bohnen, Erbsen und Linsen bereichern das kulinarische Spektrum. Essen Sie die bunten Lebensmittel im Ganzen in Suppe, Pastagericht oder Bowl! Aber auch zersto-ßen im Bratling, püriert im Dip oder im Brot-aufstrich schmecken sie lecker.
Das sollten Sie beim Zubereiten beachten:
- Hülsenfrüchte mit Vollkorn kombiniert steigern die biologische Wertigkeit der enthaltenen Aminosäuren (s. S. 22).
- Einweichen über Nacht mit 0,5–1 g Natron pro Liter Wasser mildert Blähungen.
- Ebenso helfen Gewürze wie Kreuzkümmel, Zimt und Kurkuma bei der Verdauung. Starten Sie mit gut verdaulichen Sorten wie Mung Dhal und roten Linsen.

AUF EINEN BLICK

Essen Sie täglich Hülsenfrüchte und Getrei-de! Idealerweise nicht jeden Tag die glei-chen Sorten und Zubereitungen – variieren Sie in Farbe, Mahlgrad und Zubereitung und kombinieren Sie beides häufig miteinander.

NÜSSE, SAMEN UND PFLANZENDRINKS

Kleine Kraftpakete, die im Alltag oft zu kurz kommen: Walnüsse, Leinsamen & Co. bereichern den veganen Speiseplan – egal, ob im Ganzen oder als Drink.

Nüsse und Samen haben einen hohen Proteingehalt und liefern vor allem gesunde einfach und mehrfach ungesättigte Fettsäuren. Saaten und Kerne sind ballaststoffreich, enthalten Vitamine und verschiedene Mineralstoffe – und sind ebenfalls voller sekundärer Pflanzenstoffe. Leider werden sie auf dem Speiseplan oft vernachlässigt – das hängt damit zusammen, dass oft ihr hoher Fettgehalt gefürchtet wird.

NUSSKERNE – ENERGIE PUR

Zugegeben, Nüsse haben einen hohen Energiegehalt, jedoch sättigen sie dank ihrer Kombination mit den ebenfalls reichlich enthaltenen Ballaststoffen und Proteinen entsprechend. Während der Verstoffwechselung wird außerdem nicht das gesamte Fett der Nuss resorbiert, sondern ein Teil an unverdauliche Ballaststoffe gebunden und wieder ausgeschieden. Nüsse sind hinsichtlich ihres Gehalts an sekundären Pflanzenstoffen (z. B. Phenolsäuren und Phytosterinen) kaum zu toppen. Nicht nur ganze Nüsse, auch Nussmus oder gemahlene Nüsse sichern eine gute Nährstoffversorgung in der veganen Küche.

SAMEN UND KÖRNER

Egal ob Protein, Zink, Eisen oder Kalzium – Spitzenreiter mit hohem Gehalt an diesen Nährstoffen sind fast immer Samen, Saaten und Co. So ist es nicht verwunderlich, dass das heimische Superfood Leinsamen ganz oben auf der Liste von Veganern stehen sollte. Sie sind nicht nur ein sehr guter Lieferant für Omega-3-Fettsäuren, sondern enthalten außerdem Lignane – eine Gruppe der sekundären Pflanzenstoffe, die zu den Phytoöstrogenen zählt und den Cholesterinspiegel reguliert.

Leinsamen am besten geschrotet essen – und viel dazu trinken. Frisch geschrotete Saaten können super in Bratlingen, Saucen, Teigen oder Dips eingearbeitet werden.

BESONDERS NÄHRSTOFFREICH
Nüsse unterscheiden sich in ihrem antioxidativen Potenzial. Spitzenreiter sind Pekan-, Wal- und Haselnüsse. In Bezug auf das Omega-3- zu Omega-6-Verhältnis schneiden Hanf- und Leinsamen am besten ab.

PFLANZENDRINKS

Den meisten fällt es schwer, auf milch-
ähnliche Getränke zu verzichten – sei es
im Kaffee, Tee oder Müsli. Gut, dass es
mittlerweile nicht nur köstliche, sondern
auch nährstoffreiche Pflanzendrinks gibt.
Kuhmilchalternativen sind aus Getreide
oder Hülsenfrüchten wie Reis, Hafer oder
Soja hergestellt, andere aus Nüssen wie
Cashewkernen, Haselnüssen, Mandeln oder
Kokos. Im Buch finden Sie ein Rezept für
selbst gemachten Nussdrink (s. S. 45).
Besonders praktisch ist es, wenn diese
Drinks gleich mit Kalzium oder Vitamin B_{12}
angereichert sind – so eignen sie sich in
doppelter Hinsicht, um den Nährstoffbedarf
zu decken. Wichtig: Am besten Produkte
ohne Zuckerzusatz wählen!

Nüsse und Samen in der Praxis

Die DGE rät, täglich 1 Handvoll Nüsse zu verzehren. Passiert dies auch noch innerhalb
einer Mahlzeit, ist die Bioverfügbarkeit am
höchsten, da das Fett der Nüsse bewirkt,
dass die Nährstoffe der anderen Zutaten
besser aufgenommen werden. Nüsse und
Samen haben eine positive gesundheitliche
Wirkung auf Herz-Kreislauf-Erkrankungen.
Sie eignen sich für herzhafte oder süße Gra-
nolas und als Topping für Salate, Suppen
oder Kokosjoghurt. In Pfannkuchen, Muffins
und Broten sind gemahlene Nüsse eine gute
Wahl. Viele vegane Brotaufstriche sind auf
Nuss- oder Saatenbasis hergestellt. Statt
Sahne und Mayonnaise gibt es Ersatzprodukte aus Mandeln oder Cashewkernen.

BESONDERS NÄHRSTOFFREICH
Verschiedene Nüsse und Saaten lie-
fern unterschiedliche Nährstoffe:
- Protein: Kürbiskerne, Hanf- und
  Leinsamen
- Eisen: Kürbiskerne, Sesam und
  Hanfsamen
- Kalzium: Sesam und Chiasamen
- Zink: Kürbis- und Sonnenblumen-
  kerne
- Selen: Paranüsse
- Omega-3- und -6-Fettsäuren im rich-
  tigen Verhältnis: Lein-, Chia-
  und geschälte Hanfsamen.

AUF EINEN BLICK

Ergänzen Sie mindestens ein Gericht täglich
mit Nüssen und Saaten. Werten Sie damit
auch Bratlinge, Saucen und Müsli auf.

KRÄUTER UND GEWÜRZE, ÖLE UND FETTE

Geschmack und Aroma kommt auch in der veganen Küche vor allem über Gewürze ins Essen. Sie dürfen genau wie Fett in einer ausgewogenen Ernährung nicht fehlen.

Auch wenn wir meist erst an die geschmacklichen Vorzüge von Kräutern und Gewürzen denken, können sie doch viel mehr: Geschickt kombiniert werten Kräuter und Gewürze Speisen ebenso gesundheitlich auf. Sogar die antioxidative Kraft ganzer Mahlzeiten steigt dadurch. Daneben haben sie entzündungshemmende, appetitanregende und verdauungsfördernde Effekte.

KRÄUTER UND GEWÜRZE

Ob frisch geerntet, tiefgekühlt oder getrocknet – Kräuter verfeinern Gerichte geschmacklich und optisch und liefern

gesunde Bitter- oder sekundäre Pflanzenstoffe. Dabei können wir sie ihrer Herkunft gemäß einsetzen: Mediterrane Kräuter, die in großer Hitze wachsen und wenig Wasser brauchen, lieben auch in der Küche Hitze. So kann man Rosmarin, Thymian und Salbei gut mitgaren, sie entfalten ihr Aroma beim Kochen. Empfindliche Kräuter, die viel gegossen sein wollen und es nicht heiß lieben, am besten erst gegen Garzeitende oder zum Servieren dem Gericht zugeben. Dazu zählen Basilikum, Petersilie, Dill und Koriandergrün.

Sonderfall Algen

Ein pflanzliches Lebensmittel, das von Natur aus einen hohen Jodgehalt aufweist, sind Algen. Bisher gibt es noch keine Qualitätsstandards für Algenprodukte. Am besten greift man zu Algensorten, deren Gehalt moderat ist, oder Kelp-Kapseln. Nori- oder Wakame-Flocken eignen sich gut, um in beliebigen Gerichten eingesetzt zu werden.

Gewürze

Kaufen Sie bevorzugt Bio-Gewürze in ganzer Form. Im gemahlenen Zustand verlieren die Gewürze schneller an Aroma und sind nicht so lange haltbar. Wichtig ist immer eine trockene und dunkle Lagerung. Ganze Gewürze können auch in einem Einwegteebeutel mitgegart werden.

ÖLE UND FETTE

Pflanzliche Öle kommen beim Braten, Kochen, Garen und Backen gleichermaßen zum Einsatz. Spezialisten wie vegane Margarine oder Kakaobutter können geschmacklich tolle Dienste leisten. Öle sind extrahierte Fette, z. B. aus den Samen ölhaltiger Pflanzen. Es handelt sich daher bei ihnen laut Definition nicht um vollwertige Lebensmittel, da sie keine Ballaststoffe oder andere Nährstoffe enthalten, sondern zu 100 Prozent aus Fett bestehen. Bei den pflanzlichen Speiseölen gibt es große Qualitätsunterschiede – es lohnt sich immer, zur nativen, kalt gepressten Variante zu greifen.

Welches Öl zu welchem Zweck?

Da einige Fettsäuren bei hohen Temperaturen leicht zerstört werden, ist es wichtig, für jeden Zweck das richtige Öl auszuwählen:

- Anbraten bei hoher Hitze: Bratöl aus Rapsöl oder Olivenöl, Kokosöl – diese Ölsorten halten hohen Temperaturen stand.

BESONDERS NÄHRSTOFFREICH
Verwenden Sie regelmäßig Leinöl (am besten mit DHA angereichert), Olivenöl, Walnussöl, Chiaöl sowie Hanföl.

- Anbraten bei kleiner oder mittlerer Hitze: Natives Olivenöl extra – ist in dieser Form ebenfalls bis mind. 190° erhitzbar und ein tolles Universalöl.
- Kalte Küche: Für Salatdressings, Dips oder Pesto eignen sich kalt gepresste, native Öle wie Leinöl, Rapsöl oder Olivenöl – je nach Aroma des Gerichts.
- Zum Backen: Verwenden Sie für Kuchen, Kekse und Co. natives Rapsöl, Nussöle oder vegane Margarine.

Öle und Fette in der Praxis

Oft erhitzen wir Pfannen und Öle zu hoch oder zu lang. Je nach Pfannen- und Topfart erhitzen Sie das Gargefäß am besten gleichzeitig mit dem Öl. Dabei kann das in zwei Stufen geschehen – erst bei mittlerer, dann bei starker Hitze. Das Öl sollte nie anfangen zu qualmen, denn dann hat es seinen sogenannten Rauchpunkt überschritten und sollte lieber nicht weiterverwendet werden. In den meisten Fällen reicht es, das Öl bei etwa zwei Dritteln der maximalen Herdleistung zu erhitzen und die Gerichte darin anzubraten bzw. zu erwärmen. Ausnahmen wie z. B. Tofu können auch sehr stark angebraten werden – verwenden Sie dann immer ein spezielles Brat- oder Kokosöl.

AUF EINEN BLICK

Olivenöl und Leinöl gehören wie hochwertige Gewürze in jede (vegane) Küche. Sie liefern wichtige Fettsäuren und fördern die Aufnahme fettlöslicher Nährstoffe.

VEGANE FERTIGPRODUKTE UND GETRÄNKE

Ohne Flüssigkeitsversorgung können wir nicht leben – ohne Ersatzprodukte jedoch schon. Warum Wasser lebenswichtig und vegane Burger »genuss-wichtig« sind.

Essen und Trinken sind essenziell für unseren Körper. Neben der Nährstoff- und Energieversorgung haben sie aber auch die Aufgaben, Genussmomente zu ermöglichen. Natürlich gehören der Geburtstagskuchen, ein Eis im Sommer, ein veganer Burger vom Grill oder ein Glas Sekt zum Alltag dazu. Jedoch sollte der Konsum von solchen eher »ungesunden« Lebensmitteln nur einen kleinen Teil der täglichen Nahrungsenergie einnehmen.

STARK VERARBEITET

Bevor man in den veganen Fertig-Burger aus der Kühltheke beißt oder veganen Reibekäse über die Pasta streut, lohnt der Blick auf den ernährungsphysiologischen Wert dieser Produkte. Analysieren Sie dazu am besten die Zutatenliste! Dabei gilt die einfache Regel: Alle Zutaten, die nicht vollwertig sind, bringen weniger gesundheitsförderliche Stoffe mit als ihre vollwertigen Ausgangsprodukte. »Vollwertig« bedeutet, dass es sich um das Produkt in der Ursprungsform handelt – und damit noch alle Makro- und Mikronährstoffe enthalten sind.

Oft ungesunde Zusätze

Leider enthalten viele Ersatzprodukte, wie vegane Fleisch-, Wurst- oder Käsealternativen, eine große Menge an gehärteten Fetten und Salz. Greifen Sie daher so selten wie möglich zu stark verarbeiteten veganen Fertigprodukten, sondern orientieren sich an den ursprünglichen Lebensmitteln – dann ist auch der volle Gehalt an Vitaminen, Mineralstoffen und Co. garantiert.

GESUNDE ALTERNATIVEN
- Veganes Hackfleisch: Sonnenblumenhack, Jackfruit, Sojaschnetzel
- Vegane Burger-Patties: Selbst gemachte Pattys aus Hülsenfrüchten oder Getreide
- Veganer Käse: Hefeflocken, Cashew-Parmesan, selbst gemachte Brotaufstriche
- Vegane Wurst: Leberwurst aus Bohnen (s. S. 69)
- Ei-Ersatz: gemahlene Leinsamen, Apfelmark, zerdrückte Banane

Gut zu wissen: Vegane Ersatzprodukte schlossen in einer Studie des IFANE (Institut für alternative und nachhaltige Ernährung) dennoch deutlich besser ab als ihre Gegenstücke aus tierischen Lebensmitteln: Die veganen Produkte enthielten kein Cholesterin und weniger gesättigte Fettsäuren, waren reicher an Protein und deutlich besser für die Umwelt. Auch enthielten sie weniger Rückstände von Pestiziden oder Antibiotika.

OHNE WASSER GEHT ES NICHT

Der Wassergehalt unseres Körpers ist bedeutend für sein reibungsloses Funktionieren – auch wenn Wasser selbst kein energieliefernder Nährstoff ist. Aber es dient als Lösungs- und Transportmittel für wasserlösliche Substanzen wie Vitamine und Mineralstoffe. Deshalb müssen wir regelmäßig Flüssigkeit aufnehmen – über Getränke sowie über wasserreiche Lebensmittel wie Obst und Gemüse.

Welche Getränke dürfen es sein?

Der Großteil unserer Flüssigkeitszufuhr sollte über Wasser stattfinden. Leitungswasser ist sehr gut kontrolliert, sogar strenger als Mineralwasser. Bei den lokalen Wasserwerken können Sie die Qualität Ihres Trinkwassers erfragen. Die DGE empfiehlt 30– 35 ml Wasser pro kg / Körpergewicht pro Tag zu trinken. Sie können dabei zu Leitungswasser, (mit Kalzium angereichertem) Mineralwasser oder ungesüßten Kräuter- und Früchtetees greifen.

KAFFEE UND SCHWARZTEE

Grundsätzlich sind Kaffee und Co. nicht ungesund – einige Bestandteile fördern sogar die Gesundheit. Beide enthalten jedoch Phytate (s. S. 25) und beeinflussen damit die Resorption bestimmter Nährstoffe. Trinkt man sie direkt zu Mahlzeiten, kann die Bioverfügbarkeit einiger Mineralstoffe wie Eisen herabgesetzt sein. Daher Kaffee oder schwarzen Tee am besten immer mit einem Abstand von ca. 2 Std. zur letzten und nächsten Mahlzeit trinken.

Genussgetränke

Säfte und Saftschorlen sind keine vollwertigen Lebensmittel, ihnen fehlen die Ballaststoffe aus dem ganzen Obst und sie liefern viel Fruchtzucker. Smoothies dagegen verwenden alle Pflanzenteile und enthalten somit auch Ballaststoffe. Einige Nährstoffe wie Folsäure und Polyphenole können durch das Pürieren sogar besser bioverfügbar werden. Smoothies ersetzen auch mal ganze Mahlzeiten. Wie Limonade und Alkohol sollten Säfte ein Genussmittel bleiben.

AUF EINEN BLICK

Trinken Sie reichlich Wasser und betrachten Sie andere Getränke eher als Mahlzeit. Stark verarbeitete vegane Ersatzprodukte sparsam und eher zum Genuss einsetzen.

CHECKLISTE EINKAUF

Richtig einkaufen – mit diesen Tipps gelingt es Ihnen schon im Supermarkt oder Bioladen die richtige Wahl für eine nährstoffreiche Ernährung zu treffen.

Vegane Einkäufe müssen nicht teuer sein. Saisonale und regionale Produkte sowie eine moderate Anzahl an Ersatzprodukten ermöglichen Ihnen einen gesunden und nachhaltigen Einkauf – egal ob im Bioladen, auf dem Markt oder im Supermarkt.

JE WENIGER ZUTATEN, DESTO BESSER

Paprika, Möhren und Äpfel haben keine Zutatenliste und Sie wissen genau was »drin« ist. Greifen Sie daher am besten zu Produkten mit kurzer Zutatenliste und wenig

Inhaltsstoffen. Insbesondere Lebensmittelzusatzstoffe, die durch E-Nummer ausgezeichnet sind, lieber meiden.

VEGAN-BLUME UND V-LABEL

Das gelbe V-Label ist das einheitliche Gütesiegel der Europäischen Vegetarier-Union. Lebensmittel, die damit oder mit der Vegan-Blume ausgezeichnet sind, stammen von zertifizierten Unternehmen, die vorab alle enthaltenen Inhaltsstoffe offengelegt haben. Beide Siegel bieten Ihnen die Sicherheit, vegane Produkte zu erkennen.

SAISONAL EINKAUFEN

Tomaten im Sommer, Kohl im Winter und Spinat im Frühling bedeutet gleichzeitig höheren Nährstoffgehalt und kleinerer Preis. Denn das was gerade frisch auf dem Feld wächst, muss nicht gelagert werden, kommt direkt in die Läden und schont somit Ihren Geldbeutel.

BIO-QUALITÄT BEVORZUGEN

Lebensmittel haben auch einen ökologischen Wert. Dieser ist bei biologisch angebauten Erzeugnissen positiver als bei konventioneller Ware. Der CO_2-Verbrauch ist deutlich reduziert und schont die Umwelt. Außerdem sind Bio-Lebensmittel weniger stark mit Pestiziden belastet. Übrigens: Ökologisch produzierte Lebensmittel gibt es nicht nur im Bioladen sondern auch auf dem Markt, im Discounter und Supermarkt.

REIF UND FRISCH – GENAU RICHTIG

In ausgereiftem, frischem Zustand ohne Lagerdauer weisen Lebensmittel die höchste Konzentration an essenziellen und gesundheitsfördernden Inhaltsstoffen auf. Greifen Sie zu saisonalen, regionalen Produkten, die weder lange Transportwege noch lange Lagerzeiten hinter sich haben. Bei der Auswahl nach Jahreszeit hilft ein Saisonkalender für Obst und Gemüse.

RICHTIG LAGERN DAHEIM

Verstauen Sie Ihre Einkäufe zu Hause direkt an der richtigen Stelle im Kühlschrank, dunklen Vorratsschrank oder Keller, um die Haltbarkeit der Lebensmittel zu verlängern.

Dabei sollten Sie rohe Lebensmittel und solche, die noch nicht gewaschen sind, getrennt voneinander lagern.

NAHRUNGSERGÄNZUNGSMITTEL

Auch Ergänzungsmittel wie Vitamin B_{12}, Vitamin D oder Jod gehören zum Einkauf für vegan lebende Menschen. Hier lohnt es sich, vorab etwas zu recherchieren und nicht das erstbeste Mittel im Drogeriemarkt zu kaufen. Am besten lassen Sie vorher beim Hausarzt eine Blutbestimmung durchführen. Der Arzt kann Sie bei entsprechender Ausbildung in Ernährungsfragen beraten, oder Sie wenden sich an spezielle Ernährungsberater, die über eine Zusatzausbildung im Bereich vegan verfügen.

EIWEISS UND OMEGA-3-FETTSÄUREN –
hierauf sollten Sie achten

Einige Nährstoffe verdienen bei veganer Ernährung besondere Aufmerksamkeit. An erster Stelle steht die Frage nach ausreichend Eiweiß und Omega-3-Fettsäuren.

Die großen Ernährungsgesellschaften weltweit sind sich einig: Vegan Essen kann gesund sein und vielen Zivilisationskrankheiten vorbeugen. Trotzdem herrscht oft noch ein gewisses Maß an Vorsicht und Kritik. Das liegt daran, dass es teilweise an Aufklärung zu einer bedarfsdeckenden Ernährung fehlt. Wer sich vegan und gesund ernähren möchte, sollte sich daher mit seiner Ernährung beschäftigen und keine Scheu vor Nahrungsergänzungsmitteln zeigen.

PROTEINE

Eiweiß ist für den Aufbau von Körpergewebe unabdingbar. Dazu benötigen wir 20 verschiedene Aminosäuren, von denen acht essenziell sind – das heißt, der Körper kann sie nicht selbst bilden und muss sie über die Nahrung zuführen. Die DGE empfiehlt 0,8 g Protein / kg Körpergewicht und Tag, das somit ca. 10 Prozent der täglichen Nahrungsenergie ausmachen soll.

Die biologische Wertigkeit

Je höher der Gehalt eines Lebensmittels an den essenziellen Aminosäuren, umso besser ist seine sogenannte biologische Wertigkeit. Darunter versteht man die Effizienz, mit der ein Eiweiß aus der Nahrung in körpereigenes Protein umgewandelt werden kann. Wichtig: Enthalten Lebensmittel nicht alle acht essenziellen Aminosäuren, können sie sich durch die Kombination mit anderen Lebensmitteln, die diese enthalten, gegenseitig aufwerten.

Proteine in der Praxis

Eigentlich ist bei einer ausgewogenen veganen Ernährung ein Proteinmangel nicht möglich. Denn es gibt viele pflanzliche Lebensmittel mit hohem Proteingehalt – allen voran Hülsenfrüchte und Getreide. Während beide für sich eine gewisse Menge an Protein liefern, steigert vor allem ihre Kombination die biologische Wertigkeit. Diese gegenseitige Aufwertung kann man leicht innerhalb einer Mahlzeit erreichen, wenn man beispielsweise Vollkornbrot mit Hummus isst – es reicht aber auch eine Ergänzung innerhalb eines Tages. Reich an Eiweiß sind beispielsweise Edamame, Tofu oder Tempeh genauso wie Sojadrink. Sehr hochwertiges Eiweiß liefern Kürbiskerne,

Erdnüsse, Hanfsamen, Leinsamen, Sonnenblumenkerne und Mandeln.

OMEGA-3-FETTSÄUREN

Fett dient dem Menschen zum einen als Energielieferant, zum anderen gibt es Fettsäuren, die für den Organismus lebensnotwendig sind. Dazu gehören unter anderem die mehrfach ungesättigten Omega-3-Fettsäuren. Sie wirken in unserem Körper entzündungshemmend und gefäßerweiternd.

Das steckt dahinter

Omega-3- und Omega-6-Fettsäuren sind essenziell für den Menschen. Omega-6-Fettsäuren (v. a. Linolsäure) werden meist durch Pflanzenöle und Nüsse ausreichend aufgenommen. Das gilt jedoch nicht für die Omega-3-Fettsäure Alpha-Linolensäure, die der Körper unter den richtigen Bedingungen in die langkettigen, semi-essenziellen Fettsäuren Eicosapentaensäure (EPA) und Docosahexaensäure (DHA) umwandelt. Die Zufuhrempfehlung laut DGE für EPA und DHA liegt bei 250–500 mg pro Tag – dabei soll die Alpha-Linolensäure ca. 0,5 Prozent der Gesamtkalorien ausmachen.

Omega-3-Fettsäuren in der Praxis

Eine ausreichende Versorgung mit EPA und DHA sicherzustellen, ist mehrfach möglich: Zum einen über das richtige Verhältnis von Omega-6- zu Omega-3-Fettsäuren, das höchstens bei 5:1 liegen sollte. Konkret gelingt das, indem Sie so oft wie möglich Omega-3-reiche oder -angereicherte Öle und Saaten nutzen – etwa Leinöl (für Salatsaucen, Pestos und Dips), Chiaöl (für Dressing, Porridge und Hummus) oder Rapsöl (für Gemüse und zum Backen). Lein-, Chia-, Hanfsamen oder Walnüsse lassen sich als Topping oder im Müsli einsetzen. Zum anderen kann die Versorgung durch Nahrungsergänzungsmittel, wie EPA- und DHA-angereicherte Kapseln, sicher gestellt werden. Im Zweifel sollten Sie Ihre Blutwerte beim Arzt überprüfen lassen.

MIKRONÄHRSTOFFE
mit wichtiger Funktion

Jeder kennt sie und ihre Funktion ist überlebenswichtig – trotzdem spielen Mineralstoffe und Spurenelemente bei Veganern noch eine untergeordnete Rolle.

Auch für Jeden, der sich nicht vegan ernähren möchte, sind Mikronährstoffe wichtig. Sie liefern keine Energie, sind aber für den Stoffwechsel lebenswichtig. Diese Nährstoffe können für Veganer kritisch sein:

EISEN

Ein Mangel an Eisen ist der weltweit häufigste Nährstoffmangel. Eisen ist am Sauerstofftransport der roten Blutkörperchen und am Immunsystem beteiligt. Der Bedarf richtet sich nach Alter und Geschlecht – menstruierende, schwangere und stillende Frauen brauchen mehr. Frauen nach der Menopause sowie Männer benötigen laut DGE 10 mg Eisen pro Tag, Frauen vor der Menopause 15 mg pro Tag. Ein Mangel an Eisen kann Anämie (Blutarmut) auslösen.

Eisen ist nicht gleich Eisen

Eisen aus tierischen Lebensmittel liegt als sogenanntes Hämeisen vor, das der Körper besser aufnehmen kann als pflanzliches Nicht-Hämeisen. Bei der veganen Ernährung ist es daher wichtig, den möglichen Beitrag einzelner Lebensmittel zur Eisenversorgung zu kennen. Damit ist nicht der absolute Eisengehalt von Lebensmitteln gemeint, sondern die Bindungsform, in der das Eisen jeweils vorliegt, sowie die Begleitstoffe, die seine Aufnahme fördern oder hemmen (s. Kasten rechts).

Eisen in der Praxis

Da Eisen grundsätzlich in vielen pflanzlichen Lebensmitteln vorkommt, ist eine reine Bedarfsdeckung über Lebensmittel gut möglich. Eisen sollte nie ohne Grund in hochdosierten Supplements aufgenommen werden, da eine Überdosierung die Bildung von freien Radikalen fördern kann. Wählen Sie stattdessen reichlich Nüsse, Saaten und Kerne – wie Kürbis- oder Pistazienkerne, Sesam- oder Hanfsamen als Topping auf Currys und Salaten. Leinsamen, Haferflocken und Dörraprikosen verleihen dem Frühstück viel Eisen, Tofu, Amarant und Linsen werten Salate und Bowls hierin auf.

KALZIUM

Kalzium ist der mengenmäßig wichtigste Mineralstoff – unser Körper enthält rund 1–1,5 kg Kalzium. Dies ist zu 99 Prozent in Zähnen und Knochen gelagert. Kalzium spielt für Knochengesundheit, Blutgerinnung und Muskelkontraktion eine wichtige Rolle. Wie gut es der Körper aufnehmen kann, hängt von der Zusammensetzung der Nahrung sowie von individuellen Faktoren ab. Je höher der Bedarf ist, desto effektiver die Aufnahme. Laut Studien sind Veganer häufig schlecht versorgt.

Kalzium in der Praxis

Es gibt viele Möglichkeiten, bei veganer Ernährung ausreichend mit Kalzium versorgt zu sein. Laut DGE liegt der Bedarf eines Erwachsenen bei 1 000 mg pro Tag. Am einfachsten kann man Kalzium über angereichertes Mineralwasser und Pflanzendrinks aufnehmen. Daneben sollte man es vermeiden, kalziumreiche Lebensmittel mit oxalsäurereichen wie Rhabarber oder Spinat zu kombinieren – denn Oxalsäure bindet Kalzium. Fehlt Vitamin D, ist ebenfalls keine gute Versorgung mit Kalzium möglich. Aus diesem Grund sind die Blutwerte immer kombiniert zu betrachten.

Besonders kalziumreich

Viel Kalzium enthalten von Natur aus Grünkohl, Brokkoli, Spinat, Rucola und andere dunkelgrüne Gemüsesorten ebenso wie Saaten und Nüsse (z. B. Sesam, Mandeln, Para- und Haselnüsse). Auch in Soja und mit Kalzium angereicherten Lebensmitteln und Mineralwässern (mindestens 150 mg / l) findet sich viel. Die Aufnahme von Kalzium wird durch Vitamin D, Laktose, Milch- und Zitronensäure gefördert.

SELEN

Das Spurenelement wurde bisher in der Forschung eher stiefmütterlich behandelt – weshalb nicht bekannt ist, dass die Versorgung mit Selen in der veganen Ernährung kritisch ist. Selen wirkt als Enzymbestandteil positiv auf Schilddrüsenfunktion sowie Fruchtbarkeit beim Mann, schützt vor freien Radikalen und erhält Haut und Haare gesund. Sowohl eine Über- als auch eine Unterversorgung mit Selen kann kritisch sein – daher sollte einer Supplementierung immer eine Blutuntersuchung vorausgehen. Fakt ist: Der Selengehalt von Pflanzen hängt vom Gehalt der Böden ab. Die Böden in Europa (Ausnahme: Finnland) sind relativ selenarm und Gemüse, Getreide und Samen können sich nicht mehr ausreichend mit Selen anreichern.

Selen in der Praxis

Der Bedarf liegt laut DGE bei ca. 1 µg pro kg Körpergewicht pro Tag. Dabei darf die Maximalmenge von 300 µg nicht überschritten werden. Am zuverlässigsten kann man seinen Bedarf über eine moderat dosierte Nahrungsergänzung decken. Mischköstler nehmen ihr Selen über den Umweg Fleisch auf, da in der EU Tierfutter mit Selen versetzt wird. Lediglich Paranüsse und Steinpilze scheinen auf den ersten Blick gute Selenlieferanten zu sein. Ihr Gehalt unterliegt jedoch starken Schwankungen. Aus diesem Grund ist es bei Paranüssen wichtig, dass auf der Packung der Selengehalt explizit ausgewiesen ist.

JOD

Das Spurenelement Jod ist essenziell für die Funktion der Schilddrüse – ein Mangel kann dazu führen, dass nicht mehr ausreichend Schilddrüsenhormone produziert werden. Wie andere kritische Nährstoffe auch ist Jod in den europäischen Böden nicht ausreichend vorhanden. Durch die Einführung von Jodsalz erhielt der Mineralstoff wieder die Aufmerksamkeit, die er verdient. Die Absorptionsrate von Jod liegt bei 90 Prozent – bei guter Zufuhr ist es leicht, den Bedarf von 200 µg pro Tag zu decken. Dabei dürfen maximal 600 µg täglich zugeführt werden.

Jod in der Praxis

Der Jodbedarf lässt sich zum Teil über jodiertes Speisesalz und damit hergestellte Lebensmitteln decken – dabei sollte man pro Tag aber nicht mehr als 6 g Salz aufnehmen. Algen liefern Jod, aber leider stark schwankend. Die Kelp-Alge (Kombu) ist sehr jodreich, was leicht zu einer Überdosierung führt. Kapseln mit Kelp-Algen-Öl können für eine gleichbleibende Jodzufuhr sorgen. Auch die regelmäßige Verwendung von Algen wie Wakame, Dulse und Nori ist geeignet. Trinkwasser mit hohem Härtegrad, Nitrit sowie Glucosinolate in Kohlgewächsen können die Jodaufnahme hemmen.

ZINK

Als Bestandteil von Enzymen ist das Spurenelement unter anderem an der Wundheilung beteiligt. Da sich ein Zinkmangel in vielen Symptome zeigen kann, lässt sich der Versorgungsstatus am besten mit einer Blutuntersuchung feststellen. Der Bedarf des Körpers liegt bei 7–10 mg / Tag und ist auch mit veganer Ernährung gut zu decken. Der Körper hält etwa 2–3 g Zink, kann dies jedoch nicht gut speichern. Aus diesem Grund ist er auf eine regelmäßige Zinkzufuhr von außen angewiesen.

Zink in der Praxis

Zink kommt vor allem in tierischen Lebensmitteln vor, findet sich aber auch in Nüssen (z. B. Cashew- und Pekannusskernen), Weizen- oder Roggenkeimen oder Hülsenfrüchten. Die Resorption aus pflanzlichen Lebensmitteln liegt nur bei 30 Prozent. Phytat in Vollkorn oder Hülsenfrüchten kann Zink im Magen-Darm-Trakt binden, sodass seine Bioverfügbarkeit sinkt. Allerdings ist in beiden Lebensmittelgruppen gleichzeitig so viel Zink enthalten, dass die Phytatwirkung ausgeglichen wird. Deshalb ist es wichtig, Zink durch Zubereitungsmethoden besser verfügbar zu machen – beispielsweise durch Keimen, Einweichen, Erhitzen oder Sauerteiggärung, weil diese Methoden Phytat abbauen. Auch die Kombination mit Eiweiß (Vollkorn, Nüsse, Hülsenfrüchte) verbessert die Aufnahme, wie sie z. B. bei Vollkornbrot mit Hummus oder Haferflocken-Porridge mit Nussmus gegeben ist.

EINFLUSS AUF DIE ZINK-RESORPTION

Ähnlich wie bei Eisen (s. S. 24 f) wirken auch auf den Zinkgehalt von Lebensmittel die Begleitstoffe unterschiedlich:
Resorptionsfördernd:
- Peptide / Proteine wie Cystein oder Histidin, z. B. in Sonnenblumenkernen, Walnüssen, Nussmus, Hülsenfrüchten
- Organische Säuren, z. B. in Obst
Resorptionshemmend:
- Phytate in Getreide, Ballaststoffen und Hülsenfrüchten
- Polyphenole wie Tannin (in Schwarztee)

VITAMINE UNTER DER LUPE

Drei wasser- und fettlösliche Vitamine gehören zu den bei pflanzenbetonter Ernährung kritischen Nährstoffen und verdienen eine genauere Betrachtung.

Sowohl bei Mineralstoffen als auch bei Vitaminen ist immer zu berücksichtigen dass der Körper nicht automatisch die gesamte Menge, die in einem Lebensmittel vorkommt, aufnehmen kann. Stichwort: Bioverfügbarkeit!

VITAMIN B$_{12}$

Vitamin B$_{12}$ – auch Cobalamin genannt – muss in der veganen Ernährung über damit angereicherte Lebensmittel oder Supplemente zugeführt werden. Damit ist das Vitamin der kritischste Nährstoff für Veganer, da es von Pflanzen nicht gebildet werden kann. Vitamin B$_{12}$ wird ausschließlich von Mikroorganismen synthetisiert – der Mensch ist deshalb auf eine Zufuhr von außen angewiesen. Mischköstler können Cobalamin mit Innereien, Fisch und Fleisch decken. Auch wenn in pflanzlichen, bakteriell vergorenen Lebensmitteln wie Bier, Sauerkraut und Kimchi kleine Mengen an Vitamin B$_{12}$ enthalten sind, reichen diese entgegen zahlreicher Berichte nicht zur Bedarfsdeckung. Ein Mangel an Cobalamin bewirkt eine Störung der Zellteilung im Organismus und kann zu Problemen bei der Blutbildung und im Nervensystem führen.

Vitamin B12 in der Praxis.

Der Bedarf liegt bei 1–3 µg Vitamin B$_{12}$ pro Tag. Die offizielle Zufuhrempfehlung der DGE lautet 4 µg pro Tag. Bei der Nahrungsergänzung haben Sie viele Optionen – es gibt Tropfen, Tabletten oder Nasenspray. Auch über mit Vitamin B$_{12}$ angereicherte Zahnpasta können Sie den Bedarf decken. Mit einem Bluttest beim Arzt lässt sich der Status ermitteln. Bei erhöhtem Bedarf oder leerem Speicher helfen evtl. Injektionen. Durch zeitversetzte Einnahme der Tagesdosis können Sie die Aufnahme erhöhen.

VITAMIN B$_2$

Das Vitamin wird auch Riboflavin genannt. Es ist in großer Menge in Milch vorhanden, kann aber auch mit einer veganen Ernährung ausreichend eingenommen werden. Das Vitamin ist hitzestabil, löst sich allerdings in nassen Zubereitungen und geht ins Kochwasser über. Zudem ist Riboflavin lichtempfindlich. Die Leber kann wenig speichern, weshalb Vitamin B$_2$ täglich mit der Nahrung aufgenommen werden muss. Das Vitamin ist für Fett-, Kohlenhydrat- und Proteinstoffwechsel, die Bildung von roten Blutkörperchen und Antikörpern nötig.

Vitamin B2 in der Praxis

Der Bedarf liegt bei 1,1–1,4 mg am Tag. Mit einer guten Planung ist die Versorgung nicht schwer, da es reichlich pflanzliche Quellen gibt, deren Bioverfügbarkeit bei 70 Prozent liegt. Eine Überversorgung kann nicht erfolgen, da Vitamin B2 wasserlöslich ist und mit dem Urin wieder ausgeschieden wird. Vor allem Pilze, insbesondere Champignons und Austernpilze, enthalten reichlich Riboflavin. Auch Brokkoli oder Grünkohl, Mandeln oder Kürbiskerne, Vollkorn oder Hülsenfrüchte (Sojabohnen) sind reich daran. Ein wahrer Alleskönner sind Hefeflocken, die zudem alle weiteren B-Vitamine enthalten: Bereits mit 10 g deckt man ein Drittel des täglichen Bedarfs. Durch Keimen von Getreide und Hülsenfrüchten wird die Bioverfügbarkeit verbessert.

VITAMIN D

Nicht nur in der veganen Ernährungsweise gilt Vitamin D als kritischer Nährstoff. Das hängt damit zusammen, dass er vom Körper nur unter Sonneneinstrahlung auf die Haut gebildet werden kann. Dazu muss ein UV-Index von mindestens 3 gegeben sein, was in Deutschland von Oktober bis März nicht überall der Fall ist. Es gibt weder tierische noch pflanzliche Lebensmittel mit ausreichendem Vitamin-D-Gehalt, um die Versorgung zu gewährleisten. Vitamin D ist eigentlich eine Hormonvorstufe, die im Organismus regulatorisch wirkt und insbesondere für die Knochen wichtig ist.

Vitamin D in der Praxis

Je älter man wird, desto geringer ist die Synthesekapazität der Haut. Daraus folgert, dass junge Menschen in den Sommermonaten genug Vitamin D über die Haut bilden können, wenn sie mindestens 25 Prozent der Hautfläche 5–30 Min. pro Tag der Sonne aussetzen, ohne vorher einen Schutz aufzutragen. So kann schon ein 10-minütiger Spaziergang mit kurzer Kleidung genug Sonnenlicht einfangen. In den Wintermonaten sollte eine Supplementierung erfolgen, um den Bedarf von 20 µg pro Tag aufzunehmen – am besten in Rücksprache mit dem Hausarzt, um eine Überversorgung zu vermeiden. Dabei ist die Wechselwirkung mit Vitamin K und Kalzium zu beachten. Nur wenn ausreichend Vitamin K vorhanden ist, kann Kalzium gebunden werden, um den Knochenstoffwechsel aufrecht zu erhalten.

VEGANER VORRATSSCHRANK

Mit einem gut ausgestatteten Vorratsschrank haben Sie stets die Basis für gesunde Gerichte zuhause. Ergänzt werden dann frisches Obst und Gemüse nach Saison.

NÜSSE & SAATEN Da Nüsse ranzig werden können, nie zu lange aufbewahren und lieber nur wenige Sorten vorhalten – das gilt auch für Produkte daraus wie Sonnenblumenhack. Ungeschälte Nüsse und ganze Saaten sind länger haltbar, wenn sie trocken, kühl und dunkel stehen. Nussmus innerhalb von 6 Wochen aufbrauchen und kühl lagern.

SPEISEÖLE Kaufen Sie Öl bevorzugt in dunklen Flaschen und bewahren Sie es kühl und dunkel auf. Am besten das Basis-Olivenöl, ein Bratöl und Leinöl zuhause haben – nach Belieben mit einem hochwertigen Nussöl ergänzen. Omega-3- und -6-reiche Öle sind geöffnet 3 bis 9 Monate haltbar. Leinöl gehört in den Kühlschrank.

LEINÖL

TEMPEH

TOFU

VEGANE SPECIALS Seitan im Glas, marinierter Tofu und Tempeh oder Jackfruit erlauben schnelle vegane Mahlzeiten. Dunkel gelagert im Vorratsschrank und im Kühlschrank sind sie meist bis zu 3 Monate haltbar. Auch Pflanzendrinks und -sahne im Tetrapak sind gute Basics.

GETREIDE

Vollkorngetreide und Pseudogetreide (Hirse, Quinoa und Buchweizen) lassen sich gut lagern und sind gut verschlossen lange haltbar – ebenso die meisten Produkte daraus, wie Flocken, Pasta, Mehle oder Couscous. Variieren Sie Ihre Gerichte und tauschen Sie die Getreidesorten einfach aus.

HÜLSENFRÜCHTE

Linsen, Bohnen und Kichererbsen lassen sich – sowohl roh und getrocknet als auch gegart und in Glas oder Dose – super lagern. Je kürzer die Garzeit von getrockneten Hülsenfrüchten, desto praktischer für die vegane Küche sind sie. Sojaschnetzel oder Lupinenschrot lassen sich ebenfalls gut lagern.

GEWÜRZE & CO.

Lagern Sie die Gewürze in Dosen oder dunklen Gläsern in einem Schrank und nicht direkt über oder neben dem Herd. Luftdicht verschlossen sind sie lange haltbar, können aber an Aroma verlieren. Auch Sojasauce, veganes Brühpulver oder Hefeflocken sind gut haltbar.

TEST: BIN ICH ALS VEGANER GUT VERSORGT?

Wer pflanzlichen Lebensmittel auf dem Teller das Vorrecht gibt, sollte gut informiert sein, um eine optimale Nährstoffversorgung sicherzustellen. Mit den 15 Fragen erfahren Sie, wie gut es um Ihr Ernährungsverhalten bestellt ist.

1. Kennen Sie die vegane Ernährungspyramide?

Ja ☐
Nein ☐

2. Essen Sie mindestens 7 verschiedene Obst- und Gemüsesorten mit variablen Farben pro Woche?

Ja ☐
Nein ☐

3. Essen Sie mindestens einmal pro Tag Vollkorngetreide oder Hülsenfrüchte?

Ja ☐
Nein ☐

4. Sind Nüsse und Saaten Teil Ihrer täglichen Ernährung – ganz egal ob als ganze Nuss, Mus oder gemahlen?

Ja ☐
Nein ☐

5. Setzen Sie regelmäßig kalt gepresste Pflanzenöle ein und wissen, was das Omega-3-reichste Öl ist?

Ja ☐
Nein ☐

6. Wissen Sie, in welchen Lebensmitteln gut verfügbares pflanzliches Protein enthalten ist, und essen Sie von diesen Lebensmitteln mindestens einmal pro Tag?

Ja ☐
Nein ☐

7. Bauen Sie täglich eisenreiche Lebensmittel (wie z. B. Kürbiskerne, Haferflocken oder Linsen) in den Speiseplan ein und werten die Verfügbarkeit mit Vitamin C auf?

Ja ☐
Nein ☐

8. Kennen Sie die einfachste Möglichkeit, ausreichend Kalzium in Ihre Ernährung einzubauen?

Ja ☐
Nein ☐

9. Supplementieren Sie Selen oder essen Sie täglich Paranüsse mit ausgewiesenem Selengehalt?

Ja ☐
Nein ☐

10. Ist Ihr Speisesalz mit Jod angereichert oder finden sich in Ihrem Vorratsschrank Algen-Flocken?

Ja ☐
Nein ☐

11. Kennen Sie die einfachste Möglichkeiten, viele kritische Nährstoffe besser verfügbar zu machen?

Ja ☐
Nein ☐

12. Supplementieren Sie regelmäßig Vitamin B_{12} oder konsumieren Sie damit angereicherte Lebensmittel wie Pflanzendrinks?

Ja ☐
Nein ☐

13. Wissen Sie, welche essenziellen Vitamine wasserlöslich sind und bereiten Sie Obst und Gemüse dementsprechend schonend zu?

Ja ☐
Nein ☐

14. Verbringen Sie im Sommer mind. 15 Min. täglich ungeschützt in der Sonne und nehmen in den Wintermonaten regelmäßig Vitamin D und Vitamin K als Nahrungsergänzungsmittel ein?

Ja ☐
Nein ☐

15. Kennen Sie die Formel »A grain, a grean and a bean« und wissen Sie, wie man diese praktisch im Kochalltag umsetzen kann?

Ja ☐
Nein ☐

AUSWERTUNG:

Beantworten Sie alle Fragen – wenn Sie mehr als 75 Prozent (ca. 12) Ja-Antworten erhalten, kommen Sie einer vegan rundum versorgten Ernährung sehr nahe. Kreuzen Sie öfter »Nein« an, sollten Sie sich besser informieren und in der Praxis umstellen. Hilfe bieten übrigens speziell auf vegane Ernährung geschulte Berater an.

VEGANE REZEPTE –
Gerichte mit Nährstoffgarantie

Sie wollen sich vegan ernähren, aber befürchten, nicht ausreichend Nährstoffe aufzunehmen? Keine Sorge, das lässt sich vermeiden. Bei den Rezepten finden Sie viele köstliche Ideen – von Frühstück bis Abendessen. Die machen nicht nur satt, sondern sind auch gesund und prall gefüllt mit essenziellen Nährstoffen.
Extra: Basics, mit denen Sie jederzeit Gerichte in puncto »Nährstoffe« aufpeppen können oder die sich einfach für Zwischendurch eignen.

GRÜNER POWER-SMOOTHIE

mit Ananas, Sellerie und Spinat

125 g Baby-Blattspinat
500 g Ananas
1 Stück Ingwer (3 cm lang)
4 Stangen Staudensellerie
2 EL Hanfsamen
600 ml ungesüßter
Pflanzendrink (z. B. Hafer-,
Mandel- oder Sojadrink)
4 EL Leinöl
4 EL Zitronensaft

Für 4 Personen
10 Min. Zubereitung

Nährwert pro Portion:

245 kcal
4 g Eiweiß
15 g Fett
22 g Kohlenhydrate

1 Den Spinat verlesen, waschen und trocken schütteln, dabei grobe Stiele entfernen. Die Ananas schälen und in ca. 2 cm große Stücke schneiden. Den Ingwer schälen und grob würfeln. Den Staudensellerie putzen, waschen und in ca. 2 cm große Stücke schneiden.

2 Spinat, Ananas, Ingwer, Sellerie und Hanfsamen mit ca. 500 ml Pflanzendrink in den Hochleistungsmixer geben und ca. 2 Min. kräftig mixen. Leinöl und Zitronensaft dazugeben und alles weitere 10 Sek. mixen. Falls der Smoothie zu kompakt zum Trinken ist, noch bis zu 100 ml Pflanzendrink hinzufügen.

3 Den Smoothie auf Gläser verteilen und sofort servieren. Alternativ lässt er sich im Kühlschrank in gut verschlossenen Schraubgläser bis zu 24 Std. aufbewahren und für unterwegs mitnehmen.

RUNDUM VERSORGT:

Leinöl und Hanfsamen sind hervorragende Quellen, um unsere Versorgung mit essenziellen Omega-3-Fettsäuren sicherzustellen.

TIPP:

Der Smoothie bildet die perfekte Basis für Nahrungsergänzungsmittel – hier kann die tägliche Dosis Vitamin B12, D oder K einfach untergemischt werden. Daneben können Sie den Smoothie noch mit je 1 EL hellem Sesam, Leinsamen und Kürbiskernen ergänzen.

VITAMIN-
BOOSTER

LIEFERT
HOCHWERTIGE
FETTE

HERZHAFTES GRANOLA

50 g Sonnenblumenkerne
50 g Kürbiskerne
50 g Leinsamen
50 g heller Sesam
50 g Buchweizen
3 EL Senfsamen
1 Orange
1 TL Currypulver
2 TL Dattelsüße
(ersatzweise
Rohrohrzucker)

**Für 1 Glas (ca. 400 g,
16 Portionen)
15 Min. Zubereitung**

Nährwert pro Portion:

- 50 kcal
- 2 g Eiweiß
- 3 g Fett
- 3 g Kohlenhydrate

1 Kerne, Leinsamen, Sesam, Buchweizen und Senfsamen in einer großen Pfanne ohne Fett mischen. Alles bei mittlerer Hitze solange erhitzen, bis es knackt. Dabei ständig rühren, damit die Saaten nicht verbrennen. Alles ca. 10 Min. rösten, bis es duftet und die Saaten leicht goldbraun geröstet sind. Inzwischen die Orange halbieren und auspressen, 5 EL Saft mit dem Currypulver gründlich verrühren.

2 Die Saaten mit der Dattelsüße bestreuen und alles gut mischen. Die Herdplatte ausschalten, die Orangensaft-Curry-Mischung dazugeben und alles zügig verrühren. Falls die Platte noch zu heiß ist, die Pfanne vom Herd nehmen.

3 Das Granola auf einer Kuchenplatte verteilen und abkühlen lassen. Dann in ein Schraubglas füllen, so lässt es sich bis zu 4 Wochen im Kühlschrank aufbewahren. Das herzhafte Granola passt gut zu Blattsalaten oder als Topping für cremige Suppen und Buddha Bowls.

RUNDUM VERSORGT:
Das Granola liefert eine große Portion des Spurenelements Eisen, ebenso die Mikronährstoffe Zink, Kalzium und Magnesium. Leinsamen sind wahre Nährstoff-Booster.

AUFWERTEN DURCH:
Am besten isst man das Granola in Kombination mit Vitamin-C-reichen Lebensmitteln – denn Vitamin C verbessert die Aufnahme von pflanzlichem Eisen ins Blut.

CARROT-CAKE-ENERGIEKUGELN

1 große Möhre (110 g) | 150 g getr. Soft-Datteln | 60 g Paranusskerne | 50 g Kokosraspel | Zimtpulver | gemahlener Ingwer
Für ca. 20 Kugeln | 15 Min. Zubereitung

1 Die Möhre schälen und grob würfeln. Mit Datteln, Paranüssen, 30 g Kokosraspeln sowie je 1 Prise Zimt und Ingwer in den Hochleistungsmixer geben und alles ca. 15 Sek. fein mixen.

2 Die Masse in ca. 20 Portionen aufteilen und jede Portion mit angefeuchteten Händen zu einer walnussgroßen Kugel formen. Die restlichen Kokosraspel auf einem flachen Teller verteilen und die Kugeln darin rundum wälzen.

3 Die Energiekugeln in einem Schraubglas im Kühlschrank aufbewahren, sie sind mind. 1 Woche haltbar.

RUNDUM VERSORGT:

Paranüsse können zur Selenversorgung beitragen – daher sollte man beim Einkauf darauf achten, dass der Selengehalt auf der Packung angegeben ist. Selen ist an der Immunabwehr und dem Schutz vor oxidativen Schäden beteiligt und Cofaktor für die Aktivierung von Schilddrüsenhormonen.

Nährwert pro Stück:

55 kcal	4 g Fett
1 g Eiweiß	5 g Kohlenhydrate

KAKAO-WALNUSS-ENERGIEKUGELN

80 g getr. Soft-Feigen (ersatzweise Feigen-Paste aus dem Bioladen) | 110 g Walnusskerne | 4 TL Kakaopulver | 2 TL Kakao-Nibs (roh)
Für ca. 20 Kugeln | 15 Min. Zubereitung

1 Die Soft-Feigen in ca. 1 cm große Würfel schneiden. Mit den Walnüssen, 2 TL Kakaopulver und den Kakao-Nibs in den Hochleistungsmixer geben und alles ca. 20 Sek. fein mixen. (Alternativ die Feigen ca. 10 Min. in heißem Wasser einweichen und vorab mit 20–50 ml Wasser mit dem Pürierstab pürieren, dann mit den Restzutaten mixen.)

2 Aus der Masse mit angefeuchteten Händen ca. 20 walnussgroße Kugeln formen. Das restliche Kakaopulver auf einem flachen Teller verteilen und die Kugeln darin rundum wälzen.

3 Die Energiekugeln in einem Schraubglas im Kühlschrank aufbewahren, sie sind mind. 2 Wochen haltbar.

RUNDUM VERSORGT:
Walnüsse liefern reichlich Omega-3-Fettsäuren, Eisen, Kalzium und Zink. Am besten isst man die Energiekugeln als Dessert nach einem Hauptgericht, um die Aufnahme der Mineralstoffe daraus zu verbessern.

Nährwert pro Stück:

	55 kcal		4 g Fett
	1 g Eiweiß		3 g Kohlenhydrate

NUSSMUS-DRESSING
für Salate

4 EL Zitronensaft
40 g Nussmus nach Wahl
(z. B. Tahin, Walnussmus,
Mandelmus)
50 ml Orangensaft
(oder Wasser)
1 EL Olivenöl
2 TL Senf
2 TL Agavendicksaft
Salz | Pfeffer

Für ca. 150 ml (4 Portionen)
10 Min. Zubereitung

1 Den Zitronensaft in ein kleines Schraubglas geben. Nussmus, Orangensaft, Öl, je 1 TL Senf und Agavendicksaft (nach Belieben auch mehr) hinzufügen und alles mit Salz und Pfeffer würzen.

2 Das Glas verschließen und solange kräftig schütteln, bis ein sämiges Dressing entstanden ist. Das Dressing passt gut zu Salaten aller Art. Es ist gut verschlossen im Kühlschrank bis zu 4 Tage haltbar.

RUNDUM VERSORGT:
Nussmus enthält Eisen, Zink, Kalzium und Protein. Durch die Beigabe von Orangensaft kommt außerdem Vitamin C ins Dressing, das die Eisenaufnahme auch aus Salatzutaten wie Hülsenfrüchten und Getreide verbessert.

AUFWERTEN DURCH:
Wechselt man die verschiedenen Nussmuse ab, kann man über die Tage und Wochen verteilt immer wieder andere Nährstoff-Booster zu sich nehmen. Tahin enthält besonders viel Zink und Kalzium, Mandelmus Kalzium und Eisen, Erdnussmus Protein (v. a. Lysin) und Cashewmus Zink.

Nährwert pro Portion:

- 100 kcal
- 2 g Eiweiß
- 7 g Fett
- 6 g Kohlenhydrate

Wer das Dressing in größerer Menge zubereitet, hat immer eine nährstoffreiche Salatsauce im Kühlschrank. Statt Agavendicksaft kann man es auch mit Dattelsüße, Ahorn-, oder Reissirup süßen. Honig wäre nicht vegan.

ALLROUNDER FÜR JEDEN TAG

CASHEW-PARMESAN

100 g Cashewkerne | 1 TL grobes Salz |
2 EL Hefeflocken | ½ TL Knoblauchpulver
(nach Belieben) | ½ TL Zwiebelpulver
(nach Belieben)
**Für ca. 120 g (10 Portionen) |
5 Min. Zubereitung**

1 Alle Zutaten in den Hochleistungsmixer
geben und ca. 5 Sek. mixen. Der Cashew-
Parmesan bleibt so leicht stückig und
knusprig. Wer es feiner möchte, mixt bis
zu 10 Sek.. Nach Belieben noch Knoblauch-
und Zwiebelpulver untermischen.

2 Den Parmesan in einem Schraubglas
im Kühlschrank aufbewahren. Am besten
innerhalb von 4 Wochen aufbrauchen.

RUNDUM VERSORGT:

Wer den Cashew-Parmesan zwei- bis dreimal in der Woche verwendet, erhöht nicht
nur die Proteinzufuhr (v.a. Lysin), sondern
nimmt auch wertvolle Mengen an Zink auf.
Hefeflocken liefern reichlich Vitamin B2.

Nährwert pro Portion:

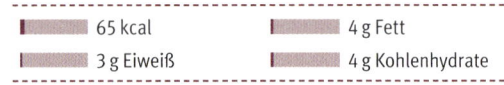

65 kcal	4 g Fett
3 g Eiweiß	4 g Kohlenhydrate

SELBST GEMACHTER NUSSDRINK

3 EL Nussmus nach Wahl | 6 g Kalziumpulver
(aus der Apotheke oder Online-Handel)
Für ca. 1 l (4 Portionen) |
5 Min. Zubereitung

1 Im Hochleistungsmixer das Nussmus
mit 1 l Wasser und dem Kalziumpulver
ca. 20 Sek. mixen, bis ein cremiger Nussdrink entstanden ist. Der Nussdrink lässt
sich gut verschlossen ca. 5 Tage im Kühlschrank aufbewahren.

RUNDUM VERSORGT:
Jedes Nussmus hat andere Pluspunkte: Mit
Tahin (Sesampaste) erreicht man eine gute
Kalzium- und Zinkversorgung. Mit Mandelmus sorgt man für Eisen und Kalzium und
mit Cashewmus für Eiweiß – hier vor allem
für die kritische Aminosäure Lysin.

AUFWERTEN DURCH:
Der Nussdrink kann im Alltag genutzt
werden, um die empfohlenen Nahrungsergänzungsmittel wie beispielsweise für
Vitamin B12, D und K sowie ein mit DHA und
EPA angereichertes Öl in den Speiseplan
einzubauen.

Nährwert pro Portion:

100 kcal		9 g Fett
2 g Eiweiß		3 g Kohlenhydrate

DAS EINFACHSTE VOLLKORNBROT

600 g Vollkorn-Dinkelmehl
200 g Vollkorn-Roggenmehl
Salz
100 g Saaten nach Wahl
(z. B. Leinsamen, Kürbis-
kerne, Sonnenblumenkerne)
1 Pck. Trockenhefe
1 TL Rohrohzucker

**Für 1 Kastenform
(ca. 32 cm lang;
30 Scheiben)
15 Min. Zubereitung
1 Tag 15 Min. Gehen
1 Std. Backen**

Nährwert pro Scheibe:

115 kcal
4 g Eiweiß
2 g Fett
17 g Kohlenhydrate

1 Am Vortag beide Mehlsorten mit 1 TL Salz in einer Rühr-schüssel mischen. Die Saaten, die Trockenhefe sowie den Zucker dazugeben und alles mit 650 ml Wasser übergießen. Die Mischung ca. 5 Min. stehen lassen, dann mit einem Holzlöffel alle Zutaten gut verrühren.

2 Die Schüssel mit einem Deckel oder einem Geschirrtuch abdecken und den Teig bei Zimmertemperatur ca. 24 Std. ruhen lassen, dabei einmal währenddessen falten. Dazu mit einem Löffel oder einer Teigkarte den Teig vom Schüssel-rand einmal rundum in die Mitte ziehen.

3 Am nächsten Tag den Backofen auf 250° vorheizen. Die Form mit Backpapier auslegen. Den Teig in die Form füllen und abgedeckt nochmals ca. 15 Min. gehen lassen. Das Brot im Ofen (Mitte) erst ca. 15 Min. backen, dabei nach den ersten Minuten Backzeit das Brot oben längs einschneiden, damit der Teig kontrolliert aufreißt. Dann die Ofentempera-tur auf 180° reduzieren und das Brot noch weitere 45 Min. backen. Aus dem Ofen nehmen und abkühlen lassen.

RUNDUM VERSORGT:
Vollkornmehle liefern viele Ballaststoffe. Außerdem ist der Gehalt an Vitamin E, B1, Folsäure sowie Magnesium, Eisen und Zink in ihnen mehr als doppelt so hoch wie in ausge-mahlenen Mehltypen – dank der Randschichten des Korns.

AUFWERTEN DURCH:
Mit Nussmus als Belag wird das Brot zur Zinkbombe. Ein Obst-Topping fördert durch Fruchtsäuren die Zinkaufnahme.

BALLAST-
STOFFREICH

KNÄCKEBROT

100 g Vollkorn-Dinkelmehl | 80 g kernige Haferflocken | 70 g Sonnenblumenkerne | 50 g Kürbiskerne | 50 g heller Sesam | 2 Zweige Rosmarin | Salz | 2 EL Olivenöl
Für ca. 40 Stück | 10 Min. Zubereitung | 30 Min. Quellen | 2 × 1 Std. Backen

1 Mehl, Flocken, Sonnenblumen-, Kürbiskerne und Sesam mischen. Rosmarin waschen, trocken tupfen, Nadeln abzupfen und fein hacken. Rosmarin, 1 TL Salz, Öl und 300 ml Wasser gut unter den Mehl-Mix mischen und ca. 30 Min. quellen lassen.

2 Den Backofen auf 170° vorheizen. Zwei Backbleche mit Backpapier belegen. Den Teig halbieren, jeweils eine Hälfte auf ein Blech geben und mit einer Gabel möglichst flach bis zum Rand auf dem Blech ausstreichen. Das Knäckebrot nacheinander im Ofen (Mitte) jeweils ca. 15 Min. backen.

3 Das Blech aus dem Ofen nehmen, auf der Teigplatte mit einem scharfen Messer 20 Stücke markieren. Das Blech wieder in den Ofen schieben, die Temperatur auf 170° schalten und das Brot 35–45 Min. backen. Herausnehmen und auf dem Backpapier abkühlen lassen. Die Teigplatte umdrehen, das Backpapier vorsichtig abziehen und die Stücke an den Markierungen auseinanderbrechen. Das 2. Blech ebenso backen. Das Knäckebrot in einer Dose aufbewahren.

Nährwert pro Stück:

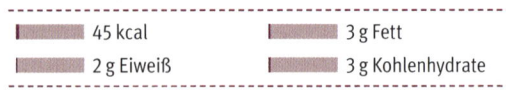

45 kcal	3 g Fett
2 g Eiweiß	3 g Kohlenhydrate

NUSS-SAATEN-BROT

120 g Haselnusskerne | 120 g Sonnenblu-
menkerne | 70 g Leinsamen | 150 g kernige
Haferflocken | 30 g heller Sesam | 3 EL Oli-
venöl | 4 EL gemahlene Flohsamenschalen |
1 TL Salz | 1 TL Reissirup | 30 g Buchweizen
**Für 1 Kastenform (ca. 32 cm lang;
30 Scheiben) | 15 Min. Zubereitung |
1 Tag Ruhen | 55 Min. Backen**

1 Am Vortag alle Zutaten mit 340 ml Wasser
in einer Rührschüssel sehr gut mischen.
Die Brotmasse dann mit den Händen
kompakt in die Schüssel drücken und abgedeckt 6–24 Std. ruhen lassen.

2 Am nächsten Tag den Backofen auf 190°
vorheizen. Die Form mit Backpapier auslegen. Den Teig in die Form füllen, mit angefeuchteten Händen fest in die Form drücken,
sodass keine Luftlöcher entstehen. Das Brot
im Ofen (Mitte) ca. 25 Min. backen.

3 Dann das Brot herausnehmen, auf ein
Backblech stürzen und im Ofen (Mitte) weitere 30 Min. backen. Das Brot herausnehmen und auf einem Kuchengitter vollständig
abkühlen lassen, erst dann mit einem
scharfen Messer in Scheiben schneiden.

RUNDUM VERSORGT:
Das Brot liefert viele Nährstoffe: Eisen,
Kalzium, Zink und Protein – durch die lange
Teigruhe werden sie besser verfügbar.

Nährwert pro Scheibe:

95 kcal		7 g Fett	
3 g Eiweiß		5 g Kohlenhydrate	

MARINIERTER TOFU

400 g Naturtofu | 3 EL Tahin (Sesampaste) |
3 EL Zitronensaft | 2 EL Sojasauce | 2 EL vega-
ner Essig | 2 EL Olivenöl | 2 EL heller Sesam
**Für 4 Personen | 15 Min. Zubereitung |
30 Min. Pressen**

1 Den Tofu in ein sauberes Geschirrtuch
legen, auf einen Teller setzen und einen
weiteren Teller umgedreht darauflegen. Den
oberen Teller mit einem Gewicht beschwe-
ren und den Tofu mind. 30 Min. auspressen.
Inzwischen für die Marinade Tahin mit Zitronensaft, Sojasauce und Essig verrühren.

2 Den Tofu in 1,5–2 cm große Stücke zupfen
und in einer großen Pfanne im Öl ca. 8 Min.
rundum goldbraun anbraten. Die Herdplatte
ausschalten, die Marinade dazugeben und
mit einem Pfannenwender vorsichtig unter-

mischen, sodass die Marinade vom Tofu
aufgesogen wird. Mit Sesam bestreuen.

3 Den Tofu als Beilage warm oder abge-
kühlt servieren. Er passt zu Gemüsecurrys,
in Wraps oder Blattsalate oder als Beilage
für Gemüsepfannen.

RUNDUM VERSORGT:
Mit Tofu verbessern Sie Ihre Eisenversorgung – das Erhitzen sowie Vitamin C machen das Eisen gut verfügbar. In Kombination mit Vollkorn oder Hülsenfrüchten steigt
die biologische Wertigkeit des Proteins.

Nährwert pro Portion:

	275 kcal		21 g Fett
	15 g Eiweiß		6 g Kohlenhydrate

HASELNUSS-GREMOLATA

100 g Haselnusskerne | 1 Bund Petersilie |
1 Bio-Zitrone | 4 EL Leinöl | grobes Salz |
Pfeffer
**Für ca. 100 g (4 Portionen) |
10 Min. Zubereitung**

1 Die Haselnüsse mittelgrob hacken. Die
Petersilie waschen, trocken schütteln, die
Blätter abzupfen und grob hacken. Die
Zitrone heiß waschen, abtrocknen und
ca. 1 TL Schale fein abreiben. Die Zitrone
halbieren und 3 EL Saft auspressen.

2 Haselnüsse, Petersilie, Zitronenschale,
Zitronensaft sowie Leinöl in einer kleinen
Schüssel mischen. Die Gremolata mit Salz
und Pfeffer abschmecken. Sie verfeinert
Salate, Risotto, Pastagerichte und Suppen.

RUNDUM VERSORGT:

Haselnüsse sind reich an B-Vitaminen (B1,
B2, B3, B6 und Folsäure). Darüber hinaus
liefern sie die Spurenelemente Kupfer und
Zink sowie die Mineralstoffe Kalium und
Magnesium in nennenswerter Menge.

Nährwert pro Portion:

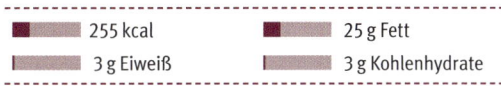

| 255 kcal | 25 g Fett |
| 3 g Eiweiß | 3 g Kohlenhydrate |

LIEFERT REICHLICH
KALZIUM

KLEINE APFELPFANNKUCHEN
mit Ahornbutter und Obst

250 ml Pflanzendrink nach
Wahl (z. B. Hafer- oder
Mandeldrink)
150 ml Mineralwasser mit
Kohlensäure
2 EL veganer Essig
3 EL Chiasamen
(ersatzweise selbst
gemahlener Leinsamen)
250 g Vollkorn-Dinkelmehl
1 TL Weinsteinbackpulver
1 großer Apfel
1 TL Bratöl
2 EL Mandelmus
2 EL Ahornsirup
500 g frisches Obst zum
Servieren (nach Belieben,
z. B. 125 g Heidelbeeren,
2 Kiwi und 1 Orange)

**Für 4 Personen
20 Min. Zubereitung
50 Min. Ruhen**

Nährwert pro Portion:

450 kcal
14 g Eiweiß
14 g Fett
61 g Kohlenhydrate

1 In einer Rührschüssel den Pflanzendrink mit Mineralwasser und Essig mischen. Die Chiasamen dazugeben und gut umrühren. Die Mischung ca. 30 Min. ruhen lassen.

2 Inzwischen das Mehl mit dem Backpulver mischen. Den Apfel waschen, vierteln, entkernen und in ca. 3 mm × 1 cm große Scheiben schneiden. Die trockenen Zutaten unter die Chia-Mischung rühren, den Apfel unterheben und die Mischung nochmals ca. 20 Min. ruhen lassen.

3 Erst ½ TL Öl in einer großen Pfanne erhitzen und aus dem Teig 4 Pfannkuchen (ca. 10 cm Ø) gleichzeitig bei mittlerer bis großer Hitze auf jeder Seite ca. 5 Min backen. Herausnehmen und auf Küchenpapier abtropfen lassen. Während die Pfannkuchen backen, das Mandelmus mit dem Ahornsirup verrühren. Je länger diese »Ahornbutter« steht, umso fester wird sie.

4 Zum Servieren das Obst waschen und, falls nötig, zerkleinern. Je zwei Pfannkuchen mit etwas Ahornbutter und nach Belieben mit frischem Obst auf Teller verteilen.

RUNDUM VERSORGT:
Chiasamen liefern Kalzium und Zink. Kombiniert mit einem kalziumhaltigen Pflanzendrink lässt sich mit den Pancakes ein Viertel Ihres Kalziumtagesbedarfs (1 000 mg) decken.

AUFWERTEN DURCH:
Wer kalziumreiches Mineralwasser regelmäßig verwendet, kann die Kalziummenge im Essen erhöhen.

FRÜHSTÜCKSMUFFINS
mit Apfel und Walnüssen

3 EL Leinsamen
190 g Vollkorn-Dinkelmehl
60 g zarte Haferflocken
1 TL Natron
1 TL Weinsteinbackpulver
40 g heller Sesam
1 TL Zimtpulver
1 Möhre
1 Apfel
60 g Walnusskerne
10 getr. Soft-Datteln
(ca. 70 g)
110 ml Rapsöl
2 EL Apfelessig
4 EL Zitronensaft
9 Muffin-Papierback-
förmchen

Für 9 Muffins
15 Min. Zubereitung
30 Min. Ruhen
30 Min. Backen

Nährwert pro Stück:

335 kcal
8 g Eiweiß
21 g Fett
26 g Kohlenhydrate

1 Den Leinsamen im Hochleistungsmixer zu feinem Mehl mahlen. In einer Rührschüssel Mehl, Haferflocken, Natron, Backpulver, Leinsamen, Sesam und Zimt mischen. Die Möhre putzen und schälen. Den Apfel waschen, vierteln und entkernen, dann beides auf der Gemüsereibe fein raspeln. Walnüsse grob hacken. Datteln ca. 5 mm groß würfeln.

2 Möhre, Apfel, Walnüsse und Datteln unter die trockenen Zutaten mischen. Dann Öl, Essig, Zitronensaft und 50 ml Wasser dazugeben, alles mit den Rührbesen des Handrührgeräts gut mischen und ca. 30 Min. ruhen lassen. Den Backofen 180° vorheizen. Ein Muffinblech oder Backblech mit 9 Muffin-Papierbackförmchen auslegen.

3 Den Teig großzügig auf die Förmchen verteilen und im Ofen (Mitte) ca. 30 Min. backen. Herausnehmen und auf einem Kuchengitter abkühlen lassen. Die Muffins können eingefroren werden.

RUNDUM VERSORGT:
Leinsamen, Sesam und Haferflocken liefern reichlich Eisen. Das Beta-Carotin der Möhre sowie das Vitamin C aus Apfel und Zitronensaft fördern dessen Aufnahme.

INFO:
Es ist sinnvoll, ca. 2 Std. vor und nach dem Genuss der Muffins keine polyphenolreichen Getränke wie Kaffee, Tee oder Kakao zu trinken. Die Polyphenole würden das Eisen binden – es steht dann dem Körper nicht mehr vollständig zur Verfügung. Das gilt für alle eisenhaltigen Lebensmittel.

BALLAST-
STOFFREICH

CARROT CAKE MÜSLI

1 große Möhre | 1 großer Apfel | 300 g Joghurt auf Kokosbasis | 120 g Fünfkorn-Flocken | 2 EL Leinöl | 100 ml ungesüßter Pflanzendrink nach Wahl (z. B. Haferdrink) | 30 g Rosinen | ½ TL Zimtpulver | 300 g Beeren nach Wahl (z. B. Heidel-, Him- oder Erdbeeren) | 60 g Pistazienkerne
Für 4 Personen | 15 Min. Zubereitung | 2 Std. Ziehen

1 Die Möhre putzen, schälen und auf der Gemüsereibe fein raspeln. Den Apfel waschen, halbieren, entkernen und auf der Gemüsereibe grob raspeln. Beides mit dem Joghurt und den Flocken mischen.

2 Dann Leinöl, Pflanzendrink, Rosinen und Zimt dazugeben und alles mischen. Das Müsli ca. 2 Std. durchziehen lassen.

3 Zum Servieren das Obst waschen und, falls nötig, zerkleinern. Das Müsli auf Schalen verteilen und mit Pistazien und Obst bestreuen.

RUNDUM VERSORGT:
Die Fünfkorn-Flocken versorgen den Körper mit reichlich Ballaststoffen. Leinöl liefert Omega-3-Fettsäuren. Und Beta-Carotin aus der Möhre sorgt dafür, dass das enthaltene Eisen besser aufgenommen werden kann.

Nährwert pro Portion:

450 kcal		28 g Fett	
9 g Eiweiß		38 g Kohlenhydrate	

GOLDENE-MILCH-PORRIDGE

2 Birnen | 700 ml ungesüßter Pflanzendrink nach Wahl (z. B. Kokos- oder Sesamdrink) | 1 TL gemahlene Kurkuma | Pfeffer | 4 getr. Soft-Datteln | 150 g Hirseflocken | 4 TL Rosinen | 4 TL Leinöl
Für 4 Personen | 20 Min. Zubereitung

1 Die Birnen waschen, vierteln, entkernen und quer in dünne Scheiben schneiden. In einem hohen Rührbecher den Pflanzendrink mit Kurkuma, 1 Prise Pfeffer und Datteln mit dem Pürierstab fein pürieren. Alles mit den Birnen in einem kleinen Topf langsam erwärmen und bei kleiner Hitze ca. 5 Min. garen. Die Birnen mit einem Schaumlöffel herausnehmen und beiseitestellen.

2 Flocken und Rosinen in den Topf geben, alles unter Rühren aufkochen. Die Hitze reduzieren und das Porridge bei kleiner Hitze noch ca. 5 Min. unter Rühren quellen lassen. Zum Servieren auf Schalen verteilen, mit den beiseitegestellten Birnen garnieren und mit je 1 TL Leinöl beträufeln.

RUNDUM VERSORGT:
Kurkuma erhöht die antioxidative Kraft des Porridge – sie enthält viel Curcumin, einen sekundären Pflanzenstoff. Mit Leinöl kann Curcumin besser aufgenommen und Omega-3-Fettsäuren geliefert werden. Für eine optimale Bioverfügbarkeit Kurkuma immer mit schwarzem Pfeffer kombinieren.

Nährwert pro Portion:

275 kcal   9 g Fett
4 g Eiweiß   44 g Kohlenhydrate

KAKAO-PORRIDGE MIT BEEREN

2 EL Leinsamen | 550 ml ungesüßter Pflanzendrink nach Wahl (z. B. Mandeldrink) | 150 g zarte Haferflocken | 2 EL Chiasamen | 2 EL Kakaopulver | 125 g Heidelbeeren | 2 Bananen | 4 TL Kakao-Nibs (roh) | 4 TL Cashewmus

Für 4 Personen | 20 Min. Zubereitung

1 Den Leinsamen im Hochleistungsmixer zu feinem Mehl mahlen. Den Pflanzendrink in einen kleinen Topf füllen. Haferflocken, Chiasamen, Leinsamen und Kakao dazugeben und alles aufkochen, dabei ständig mit einem Schneebesen rühren.

2 Alles einmal aufkochen, dann bei kleiner Hitze ca. 5 Min. unter Rühren quellen lassen. Das Porridge auf Schalen verteilen.

3 Die Heidelbeeren verlesen, waschen und trocken tupfen. Die Bananen schälen und je ½ Banane in Scheiben auf dem Porridge verteilen. Die Kakao-Nibs und das Nussmus darübergeben und zuletzt alles mit den Heidelbeeren bestreuen.

RUNDUM VERSORGT:

Lein- und Chiasamen sind nicht nur gute Lieferanten für Omega-3-Fettsäuren, sie versorgen uns auch mit viel Kalzium. Das Eisen aus den Haferflocken wird mit dem Vitamin C der Beeren besser aufgenommen.

Nährwert pro Portion:

400 kcal	18 g Fett
14 g Eiweiß	39 g Kohlenhydrate

OVERNIGHT-CHIA-MÜSLI

**1 Rote Bete | 1 Dose Kokosmilch (200 g) |
3 EL Chiasamen | 250 g Erdbeeren | 200 g Joghurt auf Kokosbasis | 8 EL Schoko-Granola
(Fertigprodukt) | 2 EL Kokoschips**
**Für 4 Personen | 20 Min. Zubereitung |
15 Min. Quellen | 12 Std. Ziehen
(über Nacht)**

1 Die Rote Bete putzen, schälen und
ca. 1 cm groß würfeln (Achtung, die Knollen
färben stark ab!). Die Rote-Bete-Würfel
in einen hohen Rührbecher geben. Die
Kokosmilch dazugießen und beides mit dem
Pürierstab fein pürieren. Chia hinzufügen
und alles ca. 15 Min. quellen lassen.

2 Inzwischen die Erdbeeren waschen, putzen und in ca. 1 cm große Würfel schneiden.
In 4 Schraubgläser Chia-Müsli und Kokos-

joghurt schichten und mit je 2 EL Granola
bestreuen. Die Erdbeeren darüber verteilen
und alles mit Kokoschips garnieren.

3 Die Gläser verschließen und ca. 12 Std.,
am besten über Nacht, im Kühlschrank
durchziehen lassen. Am nächsten Morgen
servieren. Alternativ sofort verzehren.

RUNDUM VERSORGT:
Rote Bete ist ein guter Folsäurelieferant und
außerdem reich an mehreren B-Vitaminen.
Mit den Chiasamen sorgt man für mehr
Omega-3-Fettsäuren sowie Kalzium.

Nährwert pro Portion:

460 kcal	33 g Fett
9 g Eiweiß	28 g Kohlenhydrate

SÜSSES GRANOLA

mit Goji-Beeren und Aprikosen

200 g kernige Haferflocken
20 g Leinsamen
40 g heller Sesam
60 g Sonnenblumenkerne
200 g Aprikosenmark
(ersatzweise Apfelmark)
50 ml Reissirup
60 g getr. Goji-Beeren

**Für 1 Glas (ca. 500 ml;
10 Portionen)
10 Min. Zubereitung
16 Min. Backen**

Nährwert pro Portion:

185 kcal
6 g Eiweiß
7 g Fett
22 g Kohlenhydrate

1 Den Backofen auf 180° vorheizen. Ein Backblech mit Backpapier belegen. In einer Rührschüssel Haferflocken, Leinsamen, Sesam und Sonnenblumenkerne mit Aprikosenmark und Reissirup sehr gut mischen, dazu am besten die Masse einmal mit den Händen durchkneten.

2 Die Masse auf dem Blech gleichmäßig verteilen und im Ofen (Mitte) ca. 16 Min. backen, dabei nach ca. 8 Min. alles einmal wenden und die Ofentemperatur auf 150° reduzieren. Das Granola noch weitere 8 Min. backen.

3 Das Granola aus dem Ofen nehmen und vollständig abkühlen lassen. Anschließend die Goji-Beeren untermischen und die Mischung in ein Schraubglas füllen. Es hält sich ca. 4 Wochen. Das Granola passt als Topping für Desserts und Süßspeisen.

RUNDUM VERSORGT:
Sesam, Leinsamen, Sonnenblumenkerne und Haferflocken liefern reichlich Zink. Dazu verbessern die Fruchtsäuren im Aprikosenmark die Aufnahme dieses Spurenelements.

AUFWERTEN DURCH:
Am besten kombiniert man das Granola mit Zitrusfrüchten bzw. säurereichem Obst – wie Himbeeren, Kiwis oder Erdbeeren. So steigert man die Bioverfügbarkeit des enthaltenen Zinks noch weiter.

STÄRKT
MIT VIEL
KALZIUM

APPLE BAKED BEANS

1 Zwiebel
2 Knoblauchzehen
1 rote Paprika
1 großer Apfel
1 Dose Kidneybohnen
(240 g Abtropfgewicht)
1 Dose schwarze Bohnen
(240 g Abtropfgewicht)
1 Dose stückige Tomaten
(400 g)
4 getr. Soft-Datteln
2 TL Senf
1 TL geräuchertes Paprikapulver
Salz | Pfeffer

Für 4 Personen
15 Min. Zubereitung
50 Min. Garen

Nährwert pro Portion:

190 kcal

10 g Eiweiß

2 g Fett

32 g Kohlenhydrate

1 Den Backofen auf 200° vorheizen. Die Zwiebel schälen, fein würfeln und in eine große Auflaufform (ca. 25 × 30 cm) geben. Den Knoblauch schälen und zu den Zwiebelwürfeln durchpressen. Die Paprika waschen, halbieren, weiße Trennwände und Kerne entfernen. Den Apfel waschen, halbieren und entkernen. Beides ca. 1 cm groß würfeln und ebenfalls in der Auflaufform verteilen.

2 Die Bohnen in einem Sieb abbrausen und abtropfen lassen, dann mit den Tomatenstücken und 100 ml Wasser zum Gemüse hinzufügen. Die Datteln ca. 5 mm groß würfeln und mit Senf, Paprikapulver, Salz und Pfeffer dazugeben. Alle Zutaten in der Form gut mischen und etwas flach streichen.

3 Die Baked Beans im Ofen (Mitte) ca. 50 Min. garen. Herausnehmen und vor dem Servieren kurz abkühlen lassen. Dazu passt Vollkornbrot.

RUNDUM VERSORGT:

Kidneybohnen und schwarze Bohnen haben unter allen Hülsenfrüchten die größten antioxidativen Kräfte. Denn die dunklen Farbstoffe zählen zur Gruppe der Anthocyane, die unter anderem freie Radikale abwehren.

AUFWERTEN DURCH:

Wer zu den Baked Beans noch ein Vollkornbrot isst, erhöht die biologische Wertigkeit des enthaltenen Proteins.

FRÜHSTÜCKS-BANH-MI

mit eingelegtem Gemüse

1 kleiner weißer Rettich
1 kleine Salatgurke
1 rote Chilischote
4 EL Apfelessig
1 EL Senfsamen
Salz
1 große Möhre
120 g vegane Mayonnaise
(Fertigprodukt)
5 EL Sriracha-Sauce
(ersatzweise Sambal
Oelek)
2 dünne Vollkornbaguettes
(à ca. 200 g; nach Belieben
zum Aufbacken)
1 Bund Koriandergrün
400 g geräucherter Tofu
2 EL Olivenöl
4 EL Sojasauce

Für 4 Personen
20 Min. Zubereitung

Nährwert pro Portion:

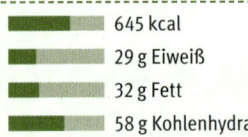

645 kcal
29 g Eiweiß
32 g Fett
58 g Kohlenhydrate

1 Rettich putzen und waschen, Gurke waschen, beides auf der Gemüsereibe sehr fein hobeln. Chili waschen, halbieren, weiße Trennwände und Kerne entfernen, die Hälften in feine Halbringe schneiden. In einem tiefen Teller Essig, Senfsamen und ½ TL Salz mischen, Rettich, Gurke und Chili hinzufügen und darin bis zum Servieren marinieren.

2 Möhre putzen, schälen und mit dem Sparschäler längs in dünne Streifen schälen. Mayonnaise und Sriracha-Sauce verrühren. Die Baguettes, falls nötig, im Backofen nach Packungsanweisung aufbacken. Den Koriander waschen, trocken schütteln und die Blätter abzupfen.

3 Tofu in ca. 7 mm dicke Scheiben schneiden und in einer Pfanne im Öl bei mittlerer Hitze auf jeder Seite ca. 4 Min. anbraten. Herdplatte ausschalten, die Sojasauce über den Tofu gießen und in der Resthitze der Pfanne einkochen.

4 Die Baguettes in 4 Stücke schneiden, jeweils längs halbieren und auf der Schnittseite mit Sriracha-Mayonnaise-Mix bestreichen. Die Unterseiten mit Möhrenstreifen, Tofu, mariniertem Gemüse sowie Koriander belegen. Die Oberseiten daraufsetzen und die Banh Mi servieren.

RUNDUM VERSORGT:

Tofu liefert Eisen, dessen Aufnahme durch das Vitamin C im Rettich stark erhöht wird. Außerdem sorgt der Rettich mit Senfölglykosiden für eine antibiotische Wirkung und fördert mit Bitterstoffen die Verdauung. Alternativ lässt sich das Brot mit milchsauer fermentiertem Gemüse belegen.

MIT VIELEN
BITTER-
STOFFEN

LINSEN-SHAKSHUKA
mit Tofu-Rührei und Basilikum

1 Zwiebel
2 rote Paprika
2 EL Olivenöl
4 Tomaten
100 g rote Linsen
1 TL edelsüßes Paprika-
pulver
Pfeffer
300 g Naturtofu
2 Knoblauchzehen
2 TL gemahlene Kurkuma
1 TL Kala Namak
(ersatzweise Salz)
200 ml ungesüßter
Pflanzendrink nach Wahl
(z. B. Hafer- oder Sojadrink)
1 Bund Basilikum

**Für 4 Personen
30 Min. Zubereitung**

Nährwert pro Portion:

295 kcal
18 g Eiweiß
12 g Fett
29 g Kohlenhydrate

1 Die Zwiebel schälen und sehr fein würfeln. Die Paprika waschen, halbieren, weiße Trennwände und Kerne entfernen und die Hälften ca. 1 cm groß würfeln. 1 EL Öl in einem Topf erhitzen und Zwiebel und Paprika darin bei mittlerer Hitze ca. 4 Min. anbraten.

2 Inzwischen die Tomaten waschen und ebenfalls ca. 1 cm groß würfeln, dabei die Stielansätze entfernen. Die Linsen waschen. Tomaten, Linsen und Paprikapulver zu den Paprika geben und ca. 2 Min. mitbraten. Dann mit 200 ml Wasser ablöschen und alles zugedeckt noch ca. 12 Min. köcheln lassen. Mit Salz und Pfeffer abschmecken.

3 Währenddessen den Tofu fein zerbröseln und in einer Pfanne im übrigen Öl bei mittlerer Hitze ca. 6 Min. anbraten. Den Knoblauch schälen und dazupressen, alles noch weitere 4 Min. braten. Den Tofu mit Kurkuma und Kala Namak würzen. Den Pflanzendrink dazugießen und leicht einkochen, bis ein sämiges Tofu-Rührei entstanden ist.

4 Zum Servieren Basilikum waschen, trocken schütteln und die Blätter abzupfen. Die Shakshuka auf Teller verteilen, das Tofu-Rührei daraufsetzen und mit Basilikum bestreuen. Dazu passen pro Person 1–2 Scheiben Vollkornbrot.

RUNDUM VERSORGT:
Linsen und Tofu liefern reichlich Pflanzenprotein. Durch die Kombination verschiedener Proteinquellen erreicht man eine höhere biologische Wertigkeit (s. S. 22).

Zur Shakshuka passt auch noch ein Topping aus geröstetem Sesam und geschälten Hanfsamen. Gleichzeitig erhält das Frühstück damit mehr Kalzium, Omega-3-Fettsäuren sowie Eisen.

EIWEISS-
POWER AM
MORGEN

Abwechslung gewünscht? Dann verwenden Sie statt der Linsen bereits gegarte Kidneybohnen aus der Dose und nehmen eine rote Zwiebel. So erhält die vegane Leberwurst ein etwas anderes Aroma und eine rötliche Farbe.

LIEFERT VITAMIN B₂

VEGANE LEBERWURST
aus Trockenpilzen und Linsen

15 g getr. Steinpilze
100 g Berglinsen
1 Zwiebel
300 g braune Champignons
2 EL Olivenöl
3 EL Sojasauce
½ TL getr. Majoran
1 Msp. Pimentpulver
1 TL gemahlener Koriander
Salz | Pfeffer

**Für 2 Gläser (à ca. 200 g;
8 Portionen)
25 Min. Zubereitung
1 Std. Einweichen**

Nährwert pro Portion:

40 kcal
3 g Eiweiß
2 g Fett
3 g Kohlenhydrate

1 Die getrockneten Pilze in einer kleinen Schüssel mit kochendem Wasser übergießen und mind. 1 Std. einweichen. Anschließend in ein Sieb abgießen und abtropfen lassen. Inzwischen die Linsen in einem Topf in wenig Wasser nach Packungsanweisung weich garen.

2 Die Zwiebel schälen und fein würfeln. Die Champignons putzen, bei Bedarf mit einem Tuch abreiben und in ca. 1 cm große Stücke schneiden. In einer großen Pfanne das Öl erhitzen und Zwiebel, Champignons und eingeweichte Steinpilze darin bei großer Hitze ca. 15 Min. unter Rühren anbraten. Die Herdplatte ausschalten, die Sojasauce über den Pilz-Mix gießen und in der Resthitze der Pfanne wenige Minuten einkochen.

3 Gegarte Linsen und Pilzpfanne in einen hohen Rührbecher geben, alles mit Majoran, Piment und Koriander würzen und mit dem Pürierstab cremig pürieren. Die vegane Leberwurst mit Salz und Pfeffer würzen und auf saubere Gläser verteilen. Sie hält sich im Kühlschrank ca. 6 Tage.

RUNDUM VERSORGT:
Pilze liefern viel Vitamin B_2 – das wasserlösliche Vitamin ist am Fett-, Kohlenhydrat- und Proteinstoffwechsel beteiligt.

AUFWERTEN DURCH:
Wer den Aufstrich mit Vollkornbrot oder gekeimtem Vollkorngetreide sowie frischen Sprossen und Spinatsalat genießt, hat bereits mit einer Mahlzeit den Großteil des täglichen Vitamin-B_2-Bedarfs gedeckt.

FRUCHTIG-
FRISCHE
SAUCE

MANGO-CHUTNEY
für jede Gelegenheit

1 Mango
2 EL Apfelessig
3 EL Rosinen
1 TL Kreuzkümmelsamen
1 TL Korianderkörner
1 TL Senfsamen
2 Knoblauchzehen
1 Stück Ingwer (2 cm lang)
½ TL Chilipulver
Salz (nach Belieben)
2 EL Hanfsamen
(nach Belieben)

**Für 1 Glas (ca. 400 ml;
16 Portionen)
20 Min. Zubereitung**

Nährwert pro Portion:

15 kcal
1 g Eiweiß
1 g Fett
3 g Kohlenhydrate

1 Die Mango schälen, das Fruchtfleisch erst vom Kern schneiden und dann ca. 1 cm groß würfeln. Mit 100 ml Wasser, Apfelessig und Rosinen in einen kleinen Topf geben.

2 Kreuzkümmel, Koriander und Senfsamen im Mörser leicht zerstoßen und ebenfalls dazugeben. Den Knoblauch schälen und dazupressen. Den Ingwer schälen, sehr fein hacken und mit dem Chilipulver hinzufügen.

3 Alles einmal aufkochen, dann zugedeckt bei kleiner Hitze ca. 15 Min. köcheln lassen. Dabei die Mangowürfel ggf. leicht mit einem Löffel zerdrücken. Das Chutney nach Belieben mit Salz würzen und mit den Hanfsamen aufwerten.

4 Das Chutney in das saubere Schraubglas füllen. Es ist im Kühlschrank 3–4 Tage haltbar. Das Chutney passt zu Bratlingen, Ofengemüse, Linsenbällchen, Dhal und auf Burger, es ergänzt Getreidesalate und Bowls und passt zu einer deftigen Brotzeit.

RUNDUM VERSORGT:
Die Hanfsamen liefern Omega-3-Fettsäuren. Diese hemmen die Blutgerinnung, wirken blutdrucksenkend und entzündungshemmend und verbessern den Fettstoffwechsel.

AUFWERTEN DURCH:
Wenn man das Chutney zu einer vollwertigen Mahlzeit kombiniert, trägt es dank Fettsäuren, Gewürzen sowie Essig dazu bei, die Nährstoffe aus den im Gericht enthaltenen Lebensmitteln besser aufzunehmen.

ARTISCHOCKEN-BOHNEN-DIP

1 Zwiebel | 1 Zweig Rosmarin | 1 Dose Artischocken (mit Knoblauch in Öl eingelegt; 330 g Abtropfgewicht) | 1 EL Olivenöl | 1 Dose weiße Bohnen (240 g Abtropfgewicht) | Salz | Pfeffer
Für 1 Glas (ca. 400 ml; 8 Portionen) | 15 Min. Zubereitung

1 Die Zwiebel schälen und fein würfeln. Rosmarin waschen, trocken schütteln, Nadeln abzupfen und grob hacken. Artischocken abtropfen lassen. Das Öl in einer Pfanne erhitzen und Zwiebel und Rosmarin darin bei mittlerer Hitze ca. 5 Min. anbraten. Artischocken samt Knoblauch dazugeben und alles weitere 5 Min. braten.

2 Die Bohnen in einem Sieb abbrausen und abtropfen lassen. Dann in einen hohen Rührbecher geben. Den Artischocken-Mix hinzufügen und alles mit dem Pürierstab cremig pürieren. Den Aufstrich mit Salz und Pfeffer abschmecken und in das saubere Schraubglas füllen. Er ist im Kühlschrank ca. 5 Tage haltbar. Der Dip schmeckt zu Rohkost und auf Brot.

RUNDUM VERSORGT:
Der Dip ist dank der Bohnen sehr ballaststoff- und proteinreich. In der Kombination mit Vollkorngetreide erhöht sich die biologische Wertigkeit des Proteins.

Nährwert pro Portion:

45 kcal	1 g Fett
2 g Eiweiß	5 g Kohlenhydrate

ZATAR-HUMMUS

1 Dose Kichererbsen (240 g Abtropfge-wicht) | 2 EL Tahin (Sesampaste) | 1 Bio-Zitrone | 2 Knoblauchzehen | 8 Eiswürfel | 4 EL Olivenöl | Salz | 2 TL Zatar (arab. Gewürzmischung)
Für 1 Glas (ca. 300 ml; 6 Portionen) | 10 Min. Zubereitung

1 Die Kichererbsen in einem Sieb abbrau-sen und abtropfen lassen. Dann mit dem Tahin in einen hohen Rührbecher geben. Die Zitrone heiß waschen, abtrocknen und 1 TL Schale fein abreiben. Die Zitrone halbieren und den Saft auspressen. Den Knoblauch schälen und grob hacken.

2 Zitronenschale, 4 EL Zitronensaft, Knob-lauch und Eiswürfel zu den Kichererbsen geben und alles mit dem Pürierstab cremig pürieren. Den Hummus mit Öl, Salz und Zatar glatt rühren. Falls er zu fest ist, noch 20–40 ml Wasser unterrühren.

3 Zum Servieren den Hummus mit Salz und übrigem Zitronensaft abschmecken. In das saubere Schraubglas füllen. Er ist im Kühlschrank ca. 3 Tage haltbar und passt zu Gemüserohkost mit Fladenbrot.

RUNDUM VERSORGT:
Kichererbsen und Sesam liefern Zink und Eisen, wobei letzteres durch den Zitronen-saft besser aufgenommen werden kann.

Nährwert pro Portion:

155 kcal	11 g Fett
4 g Eiweiß	10 g Kohlenhydrate

INDONESISCHER LINSENSALAT
mit Shiitake, Gurken und Sprossen

100 g rote Linsen
3 EL Kokosraspel
150 g Shiitake (Pilze)
1 EL Olivenöl
Salz
200 g TK-grüne-Bohnen
½ Salatgurke
50 g Mungbohnensprossen
1 Zwiebel
1 Knoblauchzehe
1 Dose Kokosmilch (200 g)
1 rote Chilischote
1 TL Rohrohrzucker
4 Kaffir-Limettenblätter
(aus dem Asienladen)
1 Limette

**Für 4 Personen
30 Min. Zubereitung**

Nährwert pro Portion:

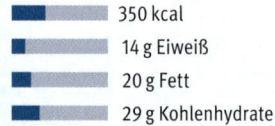

350 kcal
14 g Eiweiß
20 g Fett
29 g Kohlenhydrate

1 Die Linsen waschen und in wenig Wasser nach Packungs-anweisung weich garen. Inzwischen Kokosraspel in einer Pfanne ohne Fett hell rösten, herausnehmen und abkühlen lassen. Pilze putzen, bei Bedarf mit einem Tuch abreiben und in ca. 5 mm dicke Scheiben schneiden. In der Pfanne im Öl bei großer Hitze ca. 7 Min. anbraten.

2 TK-Bohnen in wenig Salzwasser ca. 8 Min. weich garen. In ein Sieb abgießen, kalt abschrecken und abtropfen lassen. Gurke waschen und in feine Stifte schneiden. Sprossen in einem Sieb abbrausen und abtropfen lassen. Linsen, Pilze, Bohnen, Gurke und Sprossen in einer Schüssel mischen.

3 Für das Dressing Zwiebel und Knoblauch schälen, grob hacken und in einen hohen Rührbecher geben. Kokosmilch dazugießen. Chili waschen, halbieren, weiße Trennwände und Kerne entfernen, Hälften grob hacken, mit Zucker und etwas Salz zur Kokosmilch geben. Limettenblätter grob hacken und hinzufügen. Limette halbieren und auspressen, die Hälfte des Safts in den Rührbecher geben. Alles mit dem Pürierstab pürieren (ein Ausflocken stört nicht).

4 Zum Servieren das Dressing mit den Zutaten gründlich mischen, den Salat mit übrigem Limettensaft und Salz abschmecken und mit Kokosraspeln bestreuen. Das Dressing passt auch zu Salaten mit Hülsenfrüchten.

RUNDUM VERSORGT:
Linsen enthalten viel Eiweiß und wenig Fett. Wenn man sie vorher einweicht, sind sie leichter verdaulich.

AROMATISCH-
EXOTISCHER
GENUSS

Ein Tipp für alle, die auf Ihre Eisenwerte achten: Trinken Sie möglichst keinen Schwarztee oder Kaffee mit weniger als 2 Std. Abstand zu Mahlzeiten mit hohem Eisengehalt wie den Bratllingen. Die Polyphenole können sonst das Eisen binden.

WERTVOLLE
EIWEISS-
KOMBI

BOHNEN-QUINOA-BRATLINGE
mit Salat und Grapefruitdressing

150 g Quinoa
1 Dose Kidneybohnen
(240 g Abtropfgewicht)
125 g Pflücksalat
1 Bund Radieschen
4 Stangen Staudensellerie
1 Avocado
1 Grapefruit
2 EL Apfelessig
4 EL Leinöl
½ TL Rohrohrzucker
1 TL Senf
Salz | Pfeffer
50 g Kürbiskerne
3 EL Tomatenmark
4 EL Bratöl

**Für 4 Personen
40 Min. Zubereitung**

Nährwert pro Portion:

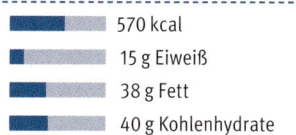

570 kcal
15 g Eiweiß
38 g Fett
40 g Kohlenhydrate

1 Die Quinoa in einem feinen Sieb abbrausen und in Wasser nach Packungsanweisung weich garen. Die Kidneybohnen in einem Sieb abbrausen und abtropfen lassen.

2 Inzwischen den Salat verlesen, waschen und trocken schleudern, dabei grobe Stiele entfernen. Die Radieschen putzen, waschen und in sehr dünne Scheiben schneiden. Den Sellerie putzen, waschen und in feine Scheiben schneiden. Die Avocado halbieren, den Kern entfernen, das Fruchtfleisch auslösen und ca. 1 cm groß würfeln. Salat, Radieschen, Sellerie und Avocado in einer Schüssel mischen.

3 Für das Dressing die Grapefruit halbieren und ca. 6 EL Saft auspressen. Mit Essig, Öl, Zucker und Senf mischen und mit Salz und Pfeffer würzen.

4 Quinoa, Kidneybohnen, Kürbiskerne, Tomatenmark, Salz und Pfeffer im Standmixer pulsierend pürieren, es darf leicht stückig sein. Aus der Masse mit den Händen 8 Bratlinge (à ca. 10 cm Ø) formen und in einer Pfanne im Bratöl bei mittlerer Hitze auf jeder Seite ca. 5 Min. braten. Herausnehmen und auf Küchenpapier abtropfen lassen.

5 Zum Servieren die Salatzutaten mit dem Dressing mischen und mit den Bratlingen auf Tellern anrichten.

RUNDUM VERSORGT:
Durch die Kombination von (Pseudo-)Getreide und Hülsenfrüchten erreicht das Gericht eine hohe biologische Wertigkeit und enthält alle essenzielle Aminosäuren.

SCHNELLE BLÄTTERTEIG-GALETTE
mit Tomaten und Mandelcreme

150 g vegane Crème-
fraîche-Alternative
(z. B. Creme Vega)
80 g gemahlene Mandeln
2 Knoblauchzehen
1 Bund Thymian
Salz | Pfeffer
3 Ochsenherztomaten
300 g veganer Vollkorn-
Blätterteig
(aus dem Kühlregal)
2 EL Kapern

Für 4 Personen
15 Min. Zubereitung
25 Min. Backen

Nährwert pro Portion:

555 kcal
13 g Eiweiß
39 g Fett
38 g Kohlenhydrate

1 Den Backofen auf 180° vorheizen. Ein Backblech mit Backpapier belegen. Die Crème fraîche mit den Mandeln verrühren, Knoblauch schälen und dazupressen. Thymian waschen, trocken schütteln, die Blätter abzupfen und zur Creme geben, mit Salz und Pfeffer kräftig würzen.

2 Die Tomaten waschen und in ca. 5 mm dicke Scheiben schneiden, dabei die Stielansätze entfernen. Die Blätter-teigplatten auf dem Blech zu einem Kreis (ca. 35 cm Ø) leicht überlappend aneinanderlegen. Die Mandel-Thymian-Creme darauf gleichmäßig verstreichen. Mit den Tomaten-scheiben belegen und mit den Kapern bestreuen, dabei ca. 2 cm Rand frei lassen. Zuletzt die Teigränder rundum locker nach innen klappen.

3 Die Galette im Ofen (Mitte) 20–25 Min. backen. Heraus-nehmen, in Stücke schneiden und auf Teller setzen.

RUNDUM VERSORGT:
Je mehr verschiedene Proteinquellen in einem Gericht vorkommen, umso höher ist die biologische Wertigkeit. Mandeln und Vollkornmehl ergänzen sich in der Galette gut. Durch einen Linsensalat als Beilage kann die Galette noch aufgewertet werden.

VARIANTE:
Der Blätterteig mit Mandelcreme eignet sich auch perfekt als Basis für Flammkuchen. Als Belag passen Zucchinischei-ben, Zwiebel- und Lauchringe, Oliven und grüner Spargel.

STEHT
RUCKZUCK
AUF DEM TISCH

TOMATEN-BOHNEN-SALAT
mit Walnuss-Naan aus der Pfanne

350 g Vollkorn-Weizenmehl
1 TL Rohrohrzucker | Salz
10 g frische Hefe (¼ Würfel)
75 ml ungesüßter Pflanzendrink nach Wahl
5 EL Olivenöl
350 g Kirschtomaten
1 Dose weiße Bohnen
(240 g Abtropfgewicht)
1 Avocado
4 TL Walnussmus
(ersatzweise ein anderes
Nussmus)
2 EL veganer Aceto
balsamico
2 EL Walnussöl
Pfeffer
1 Bund Basilikum
Mehl für die Arbeitsfläche

Für 4 Personen
30 Min. Zubereitung
1 Std. Gehen

Nährwert pro Portion:

660 kcal
16 g Eiweiß
33 g Fett
68 g Kohlenhydrate

1 Für das Naan-Brot das Mehl in eine Rührschüssel geben. Zucker, ½ TL Salz sowie Hefe dazugeben. 185 ml warmes Wasser mit dem Pflanzendrink mischen und mit 3 EL Olivenöl hinzufügen. Alles mit den Knethaken des Handrührgeräts ca. 3 Min. kneten. Den Teig mit einem Geschirrtuch abdecken und an einem warmen Ort ca. 1 Std. gehen lassen.

2 Für den Salat die Tomaten waschen und halbieren. Bohnen in einem Sieb abbrausen und abtropfen lassen. Avocado halbieren, den Kern entfernen, das Fruchtfleisch auslösen und in ca. 1 cm große Würfel schneiden. Tomaten, Bohnen und Avocado in einer Salatschüssel mischen.

3 Den Teig vierteln und jedes Viertel auf der leicht bemehlten Arbeitsfläche mit den Fingern zu einem Fladen (ca. 22 cm Ø) auseinanderdrücken, dabei immer wieder wenden. Jeden Fladen mit 1 TL Walnussmus bestreichen, zusammenklappen und die Ränder fest andrücken. Die Naan-Brote in einer Pfanne jeweils in 1 TL Olivenöl bei mittlerer Hitze auf jeder Seite ca. 4 Min. braten, bis sie knusprig sind. Herausnehmen und auf Küchenpapier abtropfen lassen.

4 Zum Servieren den Salat mit Essig und Walnussöl mischen und mit Salz und Pfeffer würzen. Basilikum waschen, trocken schütteln, die Blätter abzupfen und grob über den Salat zupfen. Den Salat mit dem Naan auf Teller verteilen.

RUNDUM VERSORGT:
Vollkorn und Hülsenfrüchte liefern reichlich Protein und sorgen kombiniert für eine hohe biologische Wertigkeit.

REICH AN
EIWEISS

Erdnuss-Fans können noch 40 g Erdnüsse – ganz oder grob gehackt –
als Topping über den Gurkensalat streuen. Damit erhöhen sie auch
seinen Protein- und Lysingehalt um ein Vielfaches.

GUTER
EISEN-LIEFE-
RANT

KARTOFFEL-HIRSE-BRATLINGE
mit Erbsendip und Gurkensalat

600 g mehligkochende
Kartoffeln
150 g Hirse (ersatzweise
Quinoa)
1 Zwiebel
2 Knoblauchzehen
1 Bio-Zitrone
1 EL Korianderkörner
1 EL Kreuzkümmelsamen
2 EL Senfsamen
1 Salatgurke
2 EL veganer Weißweinessig
Salz | Pfeffer
2 EL Leinöl
400 g TK-Erbsen
3 EL Tahin (Sesampaste)
4 EL Olivenöl
1 TL gemahlene Kurkuma

Für 4 Personen
40 Min. Zubereitung

Nährwert pro Portion:

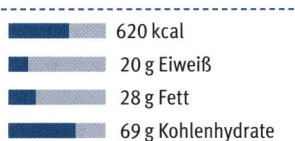

620 kcal
20 g Eiweiß
28 g Fett
69 g Kohlenhydrate

1 Kartoffeln schälen, ca. 1 cm groß würfeln und in einen kleinen Topf geben. Hirse in einem Sieb abbrausen und hinzufügen. 400 ml Wasser dazugießen und alles zugedeckt einmal aufkochen. Dann bei kleiner Hitze in ca. 25 Min. weich garen, bis das Wasser eingekocht ist.

2 Inzwischen Zwiebel und Knoblauch schälen und separat fein würfeln. Zitrone heiß waschen, abtrocknen und die Schale fein abreiben, Zitrone halbieren und den Saft auspressen. Koriander, Kreuzkümmel und Senf im Mörser leicht zerstoßen. Gurke waschen und samt Schale auf der Gemüsereibe fein hobeln. In einer Schüssel mit Essig, Salz, Pfeffer und Leinöl mischen und beiseitestellen.

3 Erbsen mit kochend heißem Wasser übergießen und ca. 5 Min. ziehen lassen. In ein Sieb abgießen und abtropfen lassen, mit Tahin in einem hohen Rührbecher mit dem Pürierstab fein pürieren. Die Hälfte des Knoblauchs dazugeben. Mit Salz, Pfeffer, Zitronenschale und -saft würzen.

4 Die Kartoffel-Hirse-Masse mit dem Kartoffelstampfer zerdrücken. In einer großen Pfanne 1 EL Olivenöl erhitzen und Zwiebel und restlichen Knoblauch darin ca. 4 Min. anbraten. Gewürze und Kurkuma dazugeben. Den Zwiebel-Mix unter den Kartoffelbrei mischen, mit Salz und Pfeffer würzen. Aus der Masse mit angefeuchteten Händen 8 Bratlinge (je ca. 10 cm Ø) formen und in der Pfanne im übrigen Olivenöl bei großer Hitze auf jeder Seite in ca. 5 Min. knusprig backen. Herausnehmen und auf Küchenpapier abtropfen lassen, mit Erbsendip und Gurkensalat servieren.

MAIS-HIRSE-ONE-POT

mit Kokos-Bacon-Topping

1 Zwiebel
2 Gläser Mais
(480 g Abtropfgewicht)
200 g Hirse
2 EL Bratöl
1 TL edelsüßes Paprika-
pulver
½ TL Chilipulver
1 Dose Kokosmilch (400 g)
40 g Kokoschips
4 EL Sojasauce
1 TL Ahornsirup
1 Bund Petersilie
Salz | Pfeffer

Für 4 Personen
30 Min. Zubereitung

Nährwert pro Portion:

660 kcal
13 g Eiweiß
37 g Fett
66 g Kohlenhydrate

1 Die Zwiebel schälen und fein würfeln. Den Mais in einem Sieb abbrausen und abtropfen lassen. Die Hirse in einem Sieb abbrausen und abtropfen lassen. Das Öl in einem gro-ßen Topf erhitzen und die Zwiebel darin ca. 3 Min. anbraten. Den Mais dazugeben und bei großer Hitze ca. 5 Min. unter Rühren anbraten, er darf Farbe bekommen. Die Hirse dazu-geben, alles mischen und mit Paprikapulver und Chilipulver bestäuben. Dann Kokosmilch und 400 ml Wasser dazugie-ßen und alles zugedeckt bei kleiner Hitze ca. 20 Min. garen.

2 Inzwischen die Kokoschips in einer Pfanne ohne Fett goldbraun anrösten. In einer kleinen Schüssel 2 EL Soja-sauce und den Ahornsirup mischen. Die Herdplatte mit den Kokoschips ausschalten, die Sojasaucen-Ahornsirup-Mischung über die Chips träufeln. Alles gut mischen und in der Resthitze der Pfanne solange unter Rühren garen, bis die Flüssigkeit vollständig eingekocht ist.

3 Zum Servieren die Petersilie waschen, trocken schütteln, die Blätter abzupfen und grob hacken. Den Eintopf mit der restlichen Sojasauce sowie Salz und Pfeffer abschmecken. Auf tiefe Teller verteilen und mit dem Kokos-Bacon und der Petersilie bestreuen.

TIPP:
Statt Hirse passt auch Quinoa super in das One-Pot-Gericht. Wer möchte, serviert dazu vegane Würstchen und einen grünen Salat.

SCHMECKT
VOR ALLEM
KINDERN

VITAMIN-C-
BOOSTER

SPARGEL-LINSEN-SALAT

mit Erdbeeren und Kräuterdressing

200 g Beluga-Linsen
1 kleines Bund Frankfurter
Grüne Kräuter (ersatzweise
je ca. 15 g Schnittlauch,
Petersilie und Basilikum)
200 g Sojaghurt
1 TL Senf
4 EL Zitronensaft
1 TL Agavendicksaft
3 EL Leinöl
Salz | Pfeffer
500 g grüner Spargel
250 g Erdbeeren
1 EL Olivenöl

**Für 4 Personen
30 Min. Zubereitung**

Nährwert pro Portion:

320 kcal
18 g Eiweiß
13 g Fett
28 g Kohlenhydrate

1 Die Linsen waschen und in einem Topf in wenig Wasser nach Packungsanweisung weich garen. (Wenn die Linsen über Nacht in Wasser einweichen, können die Nährstoffe vom Körper noch besser aufgenommen werden.)

2 Inzwischen für das Dressing die Kräuter waschen und trocken schütteln, die Blätter abzupfen und grob hacken, in einen hohen Rührbecher geben. Sojaghurt, Senf, 2 EL Zitronensaft und Agavendicksaft dazugeben und alles mit dem Pürierstab cremig pürieren. Das Leinöl unterrühren und das Dressing mit Salz und Pfeffer würzen.

3 Den Spargel waschen und im unteren Drittel schälen, die holzigen Enden abschneiden. Die Stangen schräg in ca. 3 cm lange Stücke schneiden. Die Erdbeeren waschen, putzen und in 1–2 cm große Stücke schneiden.

4 Olivenöl und übrigen Zitronensaft in einer Pfanne erhitzen und den Spargel darin bei großer Hitze je nach Dicke 5–10 Min. garen. Mit den Linsen in eine Salatschüssel geben und ca. 10 Min. abkühlen lassen, mit dem Dressing mischen und nochmals abschmecken. Den Salat lauwarm auf Teller verteilen und mit den Erdbeeren bestreuen.

RUNDUM VERSORGT:
Die Linsen und der Sojaghurt liefern reichlich Protein.

AUFWERTEN DURCH:
Lässt man Hülsenfrüchte in Wasser über Nacht einweichen oder leicht keimen, sind sie auch besser verdaulich.

SALAT AUS OFENKARTOFFELN

mit Radieschen, Pilzen und Joghurtdressing

1,2 kg kleine festkochende
Kartoffeln
4 EL Olivenöl
Salz | Pfeffer
2 TL Currypulver
1 Bund Radieschen
250 g Austernpilze
1 Bund Schnittlauch
30 g Mungbohnensprossen
200 g Joghurt auf
Kokosbasis
1 TL gelbe Currypaste
2 EL Leinöl
4 EL Zitronensaft
2 Knoblauchzehen

Für 4 Personen
45 Min. Zubereitung

Nährwert pro Portion:

425 kcal
9 g Eiweiß
25 g Fett
41 g Kohlenhydrate

1 Den Backofen auf 200° vorheizen. Die Kartoffeln mit der Gemüsebürste gründlich waschen. Die Kartoffeln ggf. halbieren oder vierteln, sodass alle Stücke ca. 2 cm groß sind. In einer Schüssel mit 3 EL Olivenöl, Salz, Pfeffer und Currypulver mischen. Die Kartoffeln auf einem Backblech verteilen und im Ofen (Mitte) ca. 30 Min. garen.

2 Inzwischen Radieschen putzen, waschen und in dünne Scheiben schneiden. Pilze putzen, bei Bedarf mit einem Tuch abreiben und in ca. 2 cm große Stücke schneiden, in einer Pfanne im übrigen Olivenöl bei großer Hitze ca. 5 Min. scharf anbraten. Herausnehmen und auf Küchenpapier abtropfen lassen. Schnittlauch waschen, trocken schütteln und in feine Röllchen schneiden. Sprossen in einem Sieb abbrausen und abtropfen lassen.

3 Für das Dressing Joghurt, Currypaste, Leinöl, Salz, Pfeffer und Zitronensaft mischen. Knoblauch schälen und dazupressen. Die Kartoffeln aus dem Ofen nehmen, kurz abkühlen lassen und mit Radieschen, Pilzen, Schnittlauch und Sprossen mischen. Das Dressing unterheben, salzen und pfeffern. Nach Belieben mit Radieschengrün bestreuen.

RUNDUM VERSORGT:
Austernpilze liefern reichlich Vitamin B_2.

AUFWERTEN DURCH:
Man kann den Salat mit einem herzhaften Granola (s. S. 39) bestreuen oder mit Räuchertofu in Würfeln servieren – für mehr Nährstoffe wie Zink, Magnesium, Eisen und Kalzium.

MIT VIELEN
**BALLAST-
STOFFEN**

AUCH
GUT ZUM
MITNEHMEN

LINSENBÄLLCHEN
mit Rucola-Walnuss-Dip

150 g Berglinsen
1 Zwiebel
1 Knoblauchzehe
150 g Petersilienwurzeln
(ersatzweise Möhren)
80 g Rucola
60 g Walnusskerne
2 EL Kapern
3 EL Leinöl
Salz | Pfeffer
1 EL Leinsamen
40 g Vollkornsemmelbrösel
3 EL Olivenöl

Für 4 Personen
45 Min. Zubereitung

Nährwert pro Portion:

430 kcal
16 g Eiweiß
27 g Fett
27 g Kohlenhydrate

1 Die Linsen waschen und in 300 ml Wasser in ca. 20 Min. weich garen. Zwiebel und Knoblauch schälen, Zwiebel fein würfeln, Knoblauch durchpressen. Petersilienwurzeln putzen, schälen und auf der Gemüsereibe fein raspeln. Ca. 10 Min. vor Ende der Garzeit Zwiebel, Knoblauch und Petersilienwurzeln auf die Linsen setzen (aber nicht unterrühren!). Alles zugedeckt noch ca. 10 Min. garen.

2 Inzwischen Rucola verlesen, waschen und trocken schütteln, grobe Stiele entfernen. Rucola grob hacken, mit Walnüssen, Kapern und 30 ml Wasser in einem hohen Rührbecher mit dem Pürierstab kurz pürieren. Den Dip mit Leinöl glatt rühren und mit Salz und Pfeffer abschmecken.

3 Leinsamen im Hochleistungsmixer zu feinem Mehl mahlen. Linsenmasse samt Kochsud in einer Rührschüssel mit dem Pürierstab grob pürieren. Semmelbrösel, Leinsamen, Salz und Pfeffer untermischen, ca. 10 Min. abkühlen lassen, dann kurz mit den Händen durchkneten. Mit einem Teelöffel ca. 25 walnussgroße Portionen abnehmen und jede Portion mit angefeuchteten Händen zu einer Kugel formen.

4 In einer großen Pfanne das Olivenöl erhitzen und die Bällchen darin bei mittlerer bis großer Hitze rundum ca. 12 Min. anbraten. Herausnehmen und auf Küchenpapier abtropfen lassen. Dann mit dem Dip servieren.

RUNDUM VERSORGT:
Walnüsse, Leinöl und Leinsamen liefern reichlich Omega-3-Fettsäuren – wichtige essenzielle Fettsäuren.

SAUERKRAUT-LINSEN-SALAT
mit Studentenfutter

300 g Frischkost-Sauerkraut
(aus dem Folienbeutel)
1 Dose braune Linsen
(ca. 240 g Abtropfgewicht)
100 g Studentenfutter
6 EL Soja-Cuisine
2 TL Senf
2 EL Leinöl
Salz | Pfeffer
½ Bund Petersilie

Für 4 Personen
15 Min. Zubereitung

Nährwert pro Portion:

255 kcal
8 g Eiweiß
5 g Fett
9 g Kohlenhydrate

1 Das Sauerkraut in einem Sieb abtropfen lassen. Die Linsen in einem Sieb abbrausen und abtropfen lassen. Beides mit dem Studentenfutter in eine Schüssel geben.

2 Für das Dressing Soja-Cuisine, Senf, Öl, Salz und Pfeffer mischen. Das Dressing über den Salatzutaten verteilen und gut untermischen.

3 Zum Servieren die Petersilie waschen, trocken schütteln, die Blätter abzupfen und fein hacken. Die Petersilie unter den Salat mischen, nochmals mit Salz und Pfeffer abschmecken und auf Teller verteilen.

RUNDUM VERSORGT:
Sauerkraut liefert darmgesunde Milchsäurebakterien sowie Vitamin C – letzteres unterstützt als Säure die Aufnahme des Eisens aus den Linsen. Das Studentenfutter liefert dazu Magnesium, Zink und Kalzium.

AUFWERTEN DURCH:
Isst man am gleichen Tag mindestens eine weitere Mahlzeit mit Vollkorngetreide, sichert man die Versorgung mit allen essenziellen Aminosäuren. Trotz des Kohlenhydratanteils der Hülsenfrüchte haben sie nur einen moderaten Effekt auf den Blutzuckerspiegel. Sie wirken nicht nur positiv innerhalb einer Mahlzeit, sondern auch innerhalb eines ganzen Tages. Diese blutzuckerregulierende Wirkung wird als Second-Meal-Effekt bezeichnet. Sie verdeutlicht, wie sich gesunde Mahlzeiten untereinander positiv beeinflussen können, sodass man mehr Nährstoffe aufnehmen kann.

ECHTE
VITAMIN-C-
BOMBE

Veganer Parmesan-Ersatz aus Cashewkernen lässt sich ganz einfach selbst machen. Hier wird er nur mit grobem Salz gemischt, es eignen sich aber auch abgeriebene Bio-Zitronenschale, Zwiebel- oder Knoblauchpulver zum Abschmecken.

WENN
GÄSTE
KOMMEN

OFENPAPRIKA MIT LINSENFÜLLUNG
und Cashew-Parmesan

150 g Beluga-Linsen
4 rote Paprika
1 Dose stückige Tomaten
(400 g)
Salz | Pfeffer
40 g Sonnenblumenkerne
2 TL Kapern
½ TL Chilipulver
1 großes Bund Petersilie
(ersatzweise Bärlauch)
100 g schwarze Oliven
(entsteint)
1 Bio-Zitrone
60 g Cashewkerne
1 TL grobes Salz

Für 4 Personen
20 Min. Zubereitung
35 Min. Garen

Nährwert pro Portion:

405 kcal
7 g Eiweiß
21 g Fett
34 g Kohlenhydrate

1 Den Backofen auf 180° vorheizen. Die Linsen waschen und nach Packungsanweisung weich garen. Inzwischen Paprika waschen, quer halbieren, weiße Trennwände und Kerne entfernen. Die Tomaten in einer großen Auflaufform (ca. 25 × 30 cm) verteilen, salzen und pfeffern. Die Paprika mit der Öffnung nach oben nebeneinander in die Tomatensauce setzen und im Ofen (Mitte) ca. 25 Min. vorgaren.

2 Inzwischen Sonnenblumenkerne, Kapern und Chilipulver mischen. Petersilie waschen, trocken schütteln und samt Stängeln fein hacken. Oliven grob hacken. Beides untermischen. Die Zitrone heiß waschen, abtrocknen, die Schale fein abreiben und ebenfalls dazugeben. Zuletzt die gegarten Linsen, falls nötig, abgießen und untermischen.

3 Die Cashewkerne im Mixer mit dem groben Salz wenige Sekunden grob mahlen. Die Paprika aus dem Ofen nehmen, mit dem Linsen-Mix füllen und mit dem Cashew-Parmesan bestreuen. Im Ofen (Mitte) weitere 10 Min. garen. Herausnehmen und vor dem Servieren kurz abkühlen lassen.

RUNDUM VERSORGT:
Sonnenblumen- und Cashewkerne liefern Zink – das Spurenelement ist am Säure-Basen-Haushalt, an der Wundheilung sowie am Immunsystem beteiligt.

AUFWERTEN DURCH:
Wer möchte, serviert die Paprika mit Vollkornbulgur. Der Weizengrieß erhöht in Kombination mit den Linsen die biologische Wertigkeit des Proteins.

DHAL MIT INGWERWEISSKOHL
und Pistazien

2 Zwiebeln
3 EL Olivenöl
350 g Mung Dhal (halbierte, geschälte Mungbohnen)
1 TL gemahlene Kurkuma
1 TL gemahlener Koriander
1 TL Asafoetida (ind. Gewürzmischung)
1 kleiner Weißkohl (ca. 700 g)
1 Stück Ingwer (3 cm lang)
1 TL Currypulver
2 Frühlingszwiebeln
40 g geröstete Pistazienkerne
Salz

Für 4 Personen
30 Min. Zubereitung

Nährwert pro Portion:

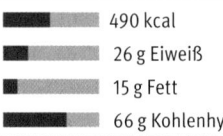

490 kcal
26 g Eiweiß
15 g Fett
66 g Kohlenhydrate

1 Die Zwiebeln schälen, fein würfeln und in einem Topf in 1 EL Öl ca. 4 Min andünsten. Mung Dhal waschen, dazugeben und mit Kurkuma, Koriander und Asafoetida würzen. 900 ml Wasser dazugießen, das Dhal aufkochen und zugedeckt bei mittlerer Hitze ca. 20 Min. cremig köcheln, dabei ab und zu umrühren.

2 Inzwischen den Weißkohl waschen, putzen und vierteln, den Strunk entfernen und die Viertel in ca. 1 cm große Stücke schneiden. Dazu erst längs und dann quer in ca. 1 cm breite Streifen schneiden. Den Ingwer schälen und fein reiben. Das restliche Öl in einer großen Pfanne erhitzen und Weißkohl und Ingwer darin ca. 10 Min. anbraten, dabei ab und zu umrühren. Mit dem Currypulver bestäuben, alles gut mischen und die Herdplatte ausschalten.

3 Zum Servieren die Frühlingszwiebeln putzen, waschen und schräg in dünne Ringe schneiden. Das Dhal salzen, auf tiefe Teller verteilen und den Ingwerweißkohl danebensetzen. Mit Frühlingszwiebeln und Pistazien bestreuen.

RUNDUM VERSORGT:
Mung Dhal ist leicht verdaulich und gut für Einsteiger, die ihre Verdauung langsam auf Vollwertkost umstellen möchten. Die Pistazien tragen zu Eisenversorgung bei.

AUFWERTEN DURCH:
Wer dazu Vollkorn kombiniert – egal ob innerhalb der Mahlzeit oder innerhalb des gleichen Tages –, vervollständigt die Aufnahme der essenziellen Aminosäuren.

VITAMIN-
KICK IM
WINTER

QUESADILLAS MIT SONNENBLUMENHACK

90 g Cashewkerne
270 g Kartoffeln | 1 Möhre
150 ml vegane Gemüsebrühe
2 TL edelsüßes Paprika-
pulver
2 EL Tomatenmark
Salz | Pfeffer
75 g Sonnenblumenhack
1 Dose Kidneybohnen
(240 g Abtropfgewicht)
700 g Tomaten
1 rote Zwiebel
3 Knoblauchzehen
4 EL Olivenöl
1 EL Aceto balsamico
Zucker | 2 TL Senf
2 EL Hefeflocken
5 EL Zitronensaft
1 kleine Zwiebel
1 Avocado
6 vegane Vollkorn-Tortillas

Für 4 Personen
1 Std. Zubereitung

Nährwert pro Portion:

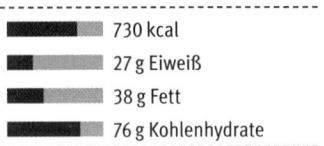

730 kcal
27 g Eiweiß
38 g Fett
76 g Kohlenhydrate

1 Cashews in Wasser mind. 30 Min. einweichen. Kartoffeln und Möhre schälen, ca. 1 cm groß würfeln. Mit der Brühe in einem kleinen Topf zugedeckt aufkochen und bei kleiner Hitze 10–12 Min. garen. Inzwischen 50 ml Wasser mit Paprikapulver, Tomatenmark, Salz und Pfeffer mischen und das Sonnenblumenhack unterrühren. Die Bohnen in einem Sieb abbrausen und abtropfen lassen.

2 Die Tomaten waschen und ca. 5 mm groß würfeln, dabei die Kerne beiseitestellen, Stielansätze entfernen. Rote Zwiebel und 1 Knoblauchzehe schälen, fein würfeln, mit 2 EL Öl und Essig unter die Tomaten mischen. Salsa mit Salz, Pfeffer und 1 Prise Zucker würzen und bis zum Servieren köcheln lassen. Den Hack-Mix in einer großen Pfanne im restlichen Öl bei mittlerer Hitze ca. 8 Min. anbraten. Die Bohnen untermischen, salzen und pfeffern. Die Tomatenkerne dazugeben und alles 6–8 Min. einkochen.

3 Cashews abgießen, mit Kartoffeln, Möhre und Brühe im Hochleistungsmixer ca. 20 Sek. pürieren. Senf, Hefeflocken und Zitronensaft dazugeben. Zwiebel und übrigen Knoblauch schälen und hinzufügen. Alles nochmals max. 20 Sek. cremig pürieren, mit Salz und Pfeffer würzen.

4 Avocado halbieren, entkernen, schälen und in dünne Scheiben schneiden. Eine große Pfanne ohne Fett erhitzen. Je 1 Tortilla mit 2 geh. EL Cashewsauce bestreichen, auf einer Hälfte etwas Hack-Mix verteilen und 3–5 Scheiben Avocado darauflegen. Die Tortilla zusammenklappen und in der Pfanne bei mittlerer Hitze auf jeder Seite ca. 3 Min. backen. Herausnehmen und mit Salsa servieren.

FÜR DIE GANZE
FAMILIE

GLUTEN-
FREIER
GENUSS

SPARGEL-KOHLRABI-QUICHE
mit Linsen-Buchweizen-Teig

1 EL Chiasamen
220 g rote Linsen (ersatzweise 220 g teilentöltes
Rote-Linsen-Mehl)
50 g Buchweizenmehl
1 TL Currypulver | Salz
70 g vegane Margarine
200 g Möhren | 1 Kohlrabi
10 Stangen grüner Spargel
400 g Seidentofu
2 EL Speisestärke aus Mais
4 EL Hefeflocken
Pfeffer | frisch geriebene
Muskatnuss
1 TL vegane, glutenfreie
Gemüsebrühe (Instant)
1 Bund Kerbel
Öl für die Form

**Für 1 Springform
(ca. 32 cm Ø; 4 Personen)
30 Min. Zubereitung
55 Min. Backen**

Nährwert pro Portion:

- 555 kcal
- 30 g Eiweiß
- 22 g Fett
- 57 g Kohlenhydrate

1 Den Backofen auf 180° vorheizen. Die Form einfetten. Die Chiasamen in 30 ml Wasser einweichen.

2 Währenddessen die Linsen im Hochleistungsmixer fein mahlen und in einer Rührschüssel mit Buchweizenmehl, Currypulver und 1 TL Salz mischen. Die weiche Margarine hinzufügen, 30 ml Wasser und gequollene Chiasamen dazugeben und alles mit den Knethaken des Handrührgeräts oder den Händen homogen verkneten. Die Form mit dem Teig auskleiden, einen 2–3 cm hohen Rand formen. Den Boden im Ofen (Mitte) ca. 10 Min. vorbacken. Aus dem Ofen nehmen und auf einem Kuchengitter beiseitestellen.

3 Inzwischen Möhren schälen, längs halbieren und in ca. 5 mm dicke Scheiben schneiden. Kohlrabi schälen und ca. 5 mm groß würfeln. Spargel putzen, waschen, unten schälen und schräg in ca. 2 cm lange Stücke schneiden.

4 Für den Guss den Seitentofu in einem Sieb etwas abtropfen lassen, mit Stärke, Hefeflocken, Salz, Pfeffer, 1 Prise Muskatnuss und Brühe mischen. Den Kerbel waschen, trocken schütteln, die Blätter abzupfen und fein hacken, unter die Seidentofumasse mischen.

5 Die Hälfte der Seidentofumasse auf dem Boden verteilen und die Hälfte des Gemüses darauflegen, leicht andrücken. Mit dem Rest ebenso verfahren. Die Form leicht rütteln, sodass sich Seidentofu und Gemüse gut verteilen. Die Quiche im Ofen (Mitte) ca. 45 Min. backen. Herausnehmen und vor dem Servieren kurz abkühlen lassen.

MUNGBOHNEN-PFANNKUCHEN

mit Gemüse und Ingwerdip

250 g getr. Mungbohnen
Salz
1 kleine Stange Lauch
200 g Möhren
8 EL Olivenöl
5 EL glutenfreie Sojasauce
(Tamari)
3 EL Sesamöl
3 EL Mirin
(japan. Reiswein)
2 TL Agavendicksaft
2 EL heller Sesam
1 Mandarine
1 Stück Ingwer
(2 cm lang)

Für 4 Personen
50 Min. Zubereitung
6 Std. Einweichen
(über Nacht)

Nährwert pro Portion:

540 kcal
18 g Eiweiß
32 g Fett
37 g Kohlenhydrate

1 Die Mungbohnen in einer Schüssel mit Wasser bedeckt mind. 6 Std., am besten über Nacht, einweichen. Dann in ein Sieb abgießen und mit 440 ml Wasser mit dem Pürierstab fein pürieren, leicht salzen. Den Lauch putzen, längs halbieren und waschen, in sehr dünne Streifen schneiden. Die Möhren schälen und auf der Gemüsereibe fein raspeln. Beides unter die Mungbohnenmasse heben.

2 In zwei großen Pfannen jeweils 2 EL Olivenöl erhitzen und 3 kleine Pfannkuchen (je ca. 10 cm Ø) bei mittlerer Hitze ausbacken. Dazu pro Pfannkuchen ca. 2 EL Pfannkuchenmasse in die Pfanne geben und auf jeder Seite ca. 7 Min. backen. Fertige Pfannkuchen herausnehmen und auf Küchenpapier abtropfen lassen. Dann auf einem Teller übereinander schichten, so bleiben sie warm. Es sollten ca. 12 Pfannkuchen entstehen.

3 Inzwischen für den Dip Sojasauce, Sesamöl, Mirin, Agavendicksaft und Sesam mischen. Die Mandarine halbieren und auspressen. Den Ingwer schälen und fein reiben. Beides unter den Dip mischen. Die Pfannkuchen mit dem Ingwerdip servieren. Dazu passt ein Spinatsalat.

RUNDUM VERSORGT:

Mungbohnen liefern Lysin, die essenzielle Aminosäure ist am Muskelaufbau und an der Wundheilung beteiligt.

AUFWERTEN DURCH:

Isst man am gleichen Tag noch Getreide, lässt sich die Versorgung mit essenziellen Aminosäuren erhöhen.

GLUTEN-
FREIER
GENUSS

SUSHI BOWL MIT NORI-FLOCKEN
und Erdnuss-Sauce

300 g Sushi-Reis
200 g TK-Edamame
(junge, grüne Sojabohnen)
1 Bund Radieschen
1 kleine Salatgurke
2 Möhren
1 Mango
1 Dose Kokosmilch (200 g)
1 Stück Ingwer (1 cm lang)
2 EL Erdnussmus
2 EL Sojasauce
1 Msp. Chilipulver
(nach Belieben)
2 EL Apfelessig
4 TL Nori-Flocken

Für 4 Personen
30 Min. Zubereitung

Nährwert pro Portion:

580 kcal
14 g Eiweiß
19 g Fett
86 g Kohlenhydrate

1 Den Sushi-Reis in einem Topf in wenig Wasser nach Packungsanweisung weich garen. Inzwischen die Edamame in einer Schüssel mit reichlich kochend heißem Wasser übergießen und ca. 5 Min. ziehen lassen. Dann in ein Sieb abgießen und abtropfen lassen, beiseitestellen.

2 Die Radieschen putzen, waschen und in dünne Scheiben schneiden. Die Gurke waschen und in ca. 1 cm große Stücke schneiden. Die Möhren schälen und auf der Gemüsereibe grob raspeln. Die Mango schälen, das Fruchtfleisch erst vom Kern schneiden und dann ca. 1 cm groß würfeln.

3 Für die Sauce die Kokosmilch gut schütteln und in einen hohen Rührbecher geben. Den Ingwer schälen und grob würfeln. Ingwer, Erdnussmus und Sojasauce zur Kokosmilch hinzufügen und alles mit dem Pürierstab cremig pürieren. Nach Belieben mit Chilipulver würzen.

4 Zum Servieren den Reis mit Essig mischen und noch warm auf Schalen (Bowls) verteilen. Edamame, Radieschen, Gurke, Möhren und Mango um den Reis verteilen, alles mit der Sauce beträufeln und mit Nori-Flocken bestreuen.

RUNDUM VERSORGT:
Durch den Essig im Reis steigt der Blutzuckerspiegel langsamer an und das Essen macht länger satt. Möhren und Mango liefern viel Beta-Carotin. Nori-Flocken lassen sich auch in anderen Bowls, Salaten oder auf Suppen für eine bessere Jod-Versorgung einsetzen.

ERBSEN-RISOTTO

mit Bärlauch-Kürbiskern-Gremolata

1 Zwiebel
1 EL Bratöl
300 g Risotto-Reis
1 l heiße vegane
Gemüsebrühe
300 g TK-Erbsen
(ersatzweise TK-grüne-
Bohnen)
2 Bund Bärlauch (ca. 50 g;
ersatzweise Rucola)
1 Bio-Zitrone
3 EL Leinöl
90 g Kürbiskerne
grobes Salz
Pfeffer
4 EL Hefeflocken

Für 4 Personen
40 Min. Zubereitung

Nährwert pro Portion:

600 kcal
21 g Eiweiß
22 g Fett
76 g Kohlenhydrate

1 Die Zwiebel schälen, fein würfeln und in einem großen Topf im Bratöl bei mittlerer Hitze ca. 4 Min. anbraten. Den Reis dazugeben und ca. 2 Min. anbraten. Mit 250 ml Brühe ablöschen und bei kleiner Hitze solange köcheln lassen, bis die Flüssigkeit vollständig eingekocht ist, ab und zu umrühren. Diesen Vorgang noch dreimal wiederholen, bis die Brühe aufgebraucht ist. Mit den letzten 250 ml Brühe die Erbsen dazugeben und im Risotto erwärmen.

2 Währenddessen für die Gremolata den Bärlauch verlesen, waschen, trocken schütteln und grob hacken. Zitrone heiß waschen, abtrocknen und die Schale fein abreiben. Die Zitrone halbieren und 3 EL Zitronensaft auspressen. Bärlauch, Leinöl, Zitronenschale und -saft mischen. Kürbiskerne hacken und unterrühren, Gremolata salzen und pfeffern.

3 Zum Servieren das Risotto mit den Hefeflocken würzen, vom Herd nehmen und zugedeckt noch ca. 5 Min. ruhen lassen. Auf Teller verteilen und mit der Gremolata bestreuen.

RUNDUM VERSORGT:
Im Leinöl stecken gesunde Omega-3-Fettsäuren, Hefeflocken sind B-Vitamin-reich. Reis und Hülsenfrüchte erhöhen kombiniert die biologische Wertigkeit des Proteins.

TIPP:
Das Risotto lässt sich statt der Erbsen auch mit anderem Gemüse zubereiten – zum Beispiel mit 500 g Kirschtomaten oder 300 g gewürfelten Zucchini, Kürbis oder Roter Bete.

PERFEKTE
FRÜHLINGS-
KÜCHE

INDIAN BUTTER CURRY

mit Blumenkohl und Hirse

100 g grobe Sojaschnetzel
350 g Süßkartoffeln
400 g Blumenkohl
150 g Sojaghurt
2 TL gelbe Currypaste
Salz
200 g Hirse
2 EL Olivenöl
2 TL gemahlene Kurkuma
2 TL edelsüßes Paprika-
pulver
3 EL Tomatenmark
1 Dose Kokosmilch (400 g)
2 Frühlingszwiebeln
1 Bund Koriandergrün

Für 4 Personen
45 Min. Zubereitung

Nährwert pro Portion:

670 kcal
24 g Eiweiß
34 g Fett
64 g Kohlenhydrate

1 Die Sojaschnetzel in einer Schüssel mit kochend heißem Wasser übergießen und ca. 10 Min. einweichen. Süßkartoffeln schälen und ca. 1 cm groß würfeln. Blumenkohl putzen, waschen und in ca. 2 cm große Röschen schneiden.

2 In einer großen Schüssel Sojaghurt mit Currypaste und 1 TL Salz mischen. Die Sojaschnetzel in ein Sieb abgießen und abtropfen lassen, dann unter den Joghurt rühren und beiseitestellen. Die Hirse in einem Sieb abbrausen und in wenig Wasser nach Packungsanweisung weich garen.

3 Sojaschnetzel in einem großen Topf im Öl bei mittlerer Hitze ca. 5 Min. anbraten, dabei ab und zu umrühren. Süßkartoffeln und Blumenkohl dazugeben, mit Kurkuma und Paprikapulver würzen und das Tomatenmark unterrühren. Alles noch ca. 3 Min. braten, dann die Kokosmilch und 200 ml Wasser dazugießen und einmal aufkochen.

4 Das Curry zugedeckt bei kleiner Hitze noch ca. 12 Min. garen, bis Blumenkohl und Süßkartoffeln weich sind. Mit 1 TL Salz würzen. Frühlingszwiebeln putzen, waschen und schräg in dünne Ringe schneiden. Koriander waschen, trocken schütteln, die Blätter abzupfen und fein hacken. Zum Servieren Curry und Hirse auf tiefe Teller verteilen, mit Frühlingszwiebeln und Koriander bestreuen.

RUNDUM VERSORGT:
Süßkartoffeln stecken voller Beta-Carotin. Dies verbessert die Eisenaufnahme aus Sojaschnetzeln und Hirse. Nach Belieben können Sie das Curry noch mit Nüssen bestreuen.

SCHWARZE-BOHNEN-BURGER

mit Cocktailsauce

1 Süßkartoffel (ca. 200 g)
1 EL Olivenöl
4 Vollkorn-Burgerbrötchen
4 EL vegane Mayonnaise
4 EL Sojaghurt
1 TL Senf
2 EL Tomatenmark
1 TL Chilipulver
Salz | Pfeffer
1 kleines Romanasalat-Herz
1 große Tomate
4 Essiggurken
1 rote Zwiebel
50 g Sonnenblumenkerne
1 Dose schwarze Bohnen
(240 g Abtropfgewicht)
4 EL Bratöl

Für 4 Personen
35 Min. Zubereitung
20 Min. Garen

Nährwert pro Portion:

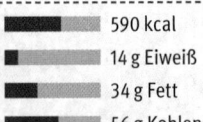

590 kcal
14 g Eiweiß
34 g Fett
56 g Kohlenhydrate

1 Den Backofen auf 180° vorheizen. Die Süßkartoffel schälen und in ca. 1 cm große Würfel schneiden, mit Olivenöl mischen und in einer kleinen Auflaufform verteilen. Dann im Ofen (Mitte) ca. 20 Min. garen. Herausnehmen und beiseitestellen, in der Resthitze des Ofens die Burgerbrötchen ca. 4 Min. aufbacken.

2 Inzwischen für die Sauce Mayonnaise, Sojaghurt, Senf, 1 EL Tomatenmark und ½ TL Chilipulver verrühren, salzen und pfeffern. Den Salat verlesen, in Blätter zerteilen und waschen. Tomate waschen und in dünne Scheiben schneiden, Stielansatz entfernen. Gurken in dünne Scheiben schneiden. Zwiebel schälen und in feine Ringe schneiden.

3 Sonnenblumenkerne im Blitzhacker zu feinem Mehl mahlen. Bohnen in einem Sieb abbrausen und abtropfen lassen. Sonnenblumenkerne im Hochleistungsmixer mit Bohnen, restlichem Tomatenmark und Süßkartoffelwürfeln grob pürieren – die Masse darf leicht stückig bleiben. Mit Salz, Pfeffer und übrigem Chilipulver würzen. Aus der Masse mit angefeuchteten Händen 4 Burger-Patties (ca. 1 cm hoch) formen und in einer großen Pfanne im Bratöl bei mittlerer Hitze auf jeder Seite in ca. 5 Min. knusprig braten. Innen bleiben die Patties dabei weich und saftig. Herausnehmen und auf Küchenpapier abtropfen lassen.

4 Zum Servieren die Brötchen quer halbieren und beide Seiten mit Cocktailsauce bestreichen. Die Unterseiten mit Salat, Patty, Tomate, Gurke und Zwiebel belegen und die Oberseiten daraufsetzen.

Bei großem Hunger können Sie 2 Süßkartoffeln mehr schälen, in Sticks schneiden, mit etwas Olivenöl, Salz und Chilipulver würzen und im Ofen mit der Süßkartoffel für den Burger backen – dann warm halten und als Pommes dazu servieren.

IDEAL FÜR KINDER

PASTA MIT BLUMENKOHL-CARBONARA

1 Bio-Zitrone
150 g Cashewkerne
grobes Salz
2 EL Hefeflocken
300 g Vollkorn-Linguine
500 g Blumenkohlröschen
(geputzt)
2 Bund Basilikum
3 Frühlingszwiebeln
10 getr. Tomaten
(in Öl, mit 1 EL Einlegeöl)
4 Knoblauchzehen
½ TL Chilipulver
1 TL edelsüßes Paprika-
pulver
Pfeffer

Für 4 Personen
40 Min. Zubereitung

Nährwert pro Portion:

560 kcal
25 g Eiweiß
20 g Fett
69 g Kohlenhydrate

1 Die Zitrone heiß waschen, abtrocknen und 1 TL Schale fein abreiben. 50 g Cashewkerne im Standmixer mit 1 TL Salz, Hefeflocken und Zitronenschale ca. 5 Sek. mixen, dann beiseitestellen. Nudeln nach Packungsanweisung in Salzwasser al dente kochen. In einem Sieb abtropfen lassen, dabei 300 ml Kochwasser abnehmen.

2 Blumenkohl putzen, waschen und in ca. 1 cm große Röschen schneiden. Basilikum waschen, trocken schütteln, Blätter abzupfen und grob hacken. Frühlingszwiebeln putzen, waschen und schräg in dünne Ringe schneiden. Tomaten abtropfen lassen und in kleine Stücke schneiden. Knoblauch schälen und in feine Scheiben schneiden.

3 Das Tomateneinlegeöl in einer großen Pfanne erhitzen und den Blumenkohl darin bei mittlerer Hitze ca. 8 Min. goldbraun anbraten. Die Hälfte der Frühlingszwiebeln mit Tomaten, Knoblauch, Chilipulver und Paprikapulver dazugeben, alles gut mischen und noch 5–8 Min. braten. Übrige Cashewkerne mit 60 ml Wasser und 300 ml Nudelkochwasser im Standmixer ca. 20 Sek. mixen und alles zum Blumenkohl-Mix gießen. Die Herdplatte ausschalten, die Nudeln dazugeben und 2–3 EL Cashew-Parmesan untermischen.

4 Zum Servieren die Pasta salzen und pfeffern, auf Teller verteilen und mit übrigen Frühlingszwiebeln und Basilikum bestreuen. Restlichen Cashew-Parmesan dazu reichen.

AUFWERTEN DURCH:

Für einen höheren Eiweißgehalt kann man noch 100 g gegarte rote Linsen in der Cashewsahnesauce mit pürieren.

MÖHREN-GRÜNKOHL-PFANNE
mit Vollkornbulgur und Joghurtdip

1 Zwiebel
500 g Möhren
1 Dose Kichererbsen
(240 g Abtropfgewicht)
10 getr. Aprikosen
2 EL Olivenöl
2 TL Currypulver
350 g TK-Grünkohl
300 ml vegane Gemüse-
brühe
230 g Vollkorn-Bulgur
400 g Sojaghurt
2 Knoblauchzehen
1 Bio-Zitrone
Salz | Pfeffer
1 Bund Petersilie
1 Msp. Chilipulver

Für 4 Personen
45 Min. Zubereitung

Nährwert pro Portion:

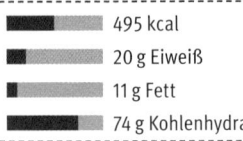

495 kcal
20 g Eiweiß
11 g Fett
74 g Kohlenhydrate

1 Die Zwiebel schälen und fein würfeln. Die Möhren schälen und schräg in ca. 4 mm dünne Scheiben schneiden. Die Kichererbsen in einem Sieb abbrausen und abtropfen lassen. Die Aprikosen sehr fein würfeln.

2 Das Öl in einem großen Topf erhitzen und die Zwiebel darin bei mittlerer Hitze ca. 4 Min. anbraten. Möhren dazugeben und ca. 4 Min. braten. Alles mit Currypulver würzen und mischen. Grünkohl und Brühe hinzufügen und aufkochen, dann offen bei mittlerer Hitze garen, bis der Grünkohl aufgetaut und die Brühe eingekocht ist. Kichererbsen und Aprikosen ebenfalls untermischen.

3 Inzwischen den Bulgur mit 360 ml Wasser in einem kleinen Topf aufkochen, dann die Herdplatte ausschalten und den Bulgur zugedeckt noch ca. 10 Min. quellen lassen.

4 Den Sojaghurt in eine kleine Schüssel geben. Den Knoblauch schälen und dazupressen. Die Zitrone heiß waschen, abtrocknen und die Schale fein abreiben. Die Zitrone in Schnitze schneiden. Die Zitronenschale zum Dip hinzufügen und alles mit Salz und Pfeffer würzen.

5 Zum Servieren die Petersilie waschen, trocken schütteln, die Blätter abzupfen und fein hacken. Die Gemüsepfanne mit Chilipulver und Pfeffer abschmecken. Den Bulgur mit dem Gemüse auf Teller verteilen, mit Petersilie und dem Joghurtdip toppen. Mit den Zitronenschnitzen servieren.

VERSORGT
MIT BETA-
CAROTIN

Auflauf-Fan? Dann den Eintopf in eine große Auflaufform (ca. 25 × 30 cm) geben, 200 g geräucherten Tofu darüberbröseln und mit der Polenta abschließen. Im auf 180° vorgeheizten Ofen (Mitte) ca. 25 Min. backen.

STABILISIERT DEN
BLUTZUCKER

DREI-BOHNEN-EINTOPF

mit Fenchel und Polenta

1 Zwiebel
1 Fenchel
3 Zweige Thymian
3 Zweige Rosmarin
3 Zweige Oregano
1 Dose schwarze Bohnen
(240 g Abtropfgewicht)
1 Dose Kidneybohnen
(240 g Abtropfgewicht)
2 EL Olivenöl
200 g TK-grüne-Bohnen
Salz
1 Flasche passierte Tomaten
(690 ml)
800 ml vegane Gemüse-
brühe
200 g Polenta (Maisgrieß)
3 EL Hefeflocken
Pfeffer
Chilipulver (nach Belieben)

Für 4 Personen
30 Min. Zubereitung

1 Die Zwiebel schälen und fein würfeln. Den Fenchel putzen, waschen und halbieren, den Strunk entfernen und den Fenchel quer in dünne Streifen schneiden. Die Kräuter waschen, trocken schütteln, die Nadeln bzw. Blätter abzupfen und fein hacken. Beide Bohnensorten in einem Sieb abbrausen und abtropfen lassen.

2 Das Öl in einem großen Topf erhitzen und Zwiebel und Fenchel darin bei mittlerer Hitze ca. 5 Min anbraten, dabei ab und zu umrühren. Die Kräuter dazugeben und weitere 2 Min. braten. Die Bohnen aus dem Sieb und die TK-Bohnen hinzufügen, alles mit Salz würzen und die Passata dazugießen. Den Eintopf einmal aufkochen, dann zugedeckt bei kleiner Hitze noch ca. 15 Min. garen.

3 Inzwischen die Brühe in einem kleinen Topf aufkochen. Die Polenta mit einem Schneebesen so lange unterrühren, bis sie cremig wird. Vom Herd nehmen und weiterrühren, bis die Polenta die Flüssigkeit vollständig aufgesogen hat. Die Hefeflocken unterrühren, alles salzen und pfeffern.

4 Zum Servieren den Bohneneintopf mit Salz, Pfeffer und nach Belieben mit 1 Prise Chilipulver abschmecken. Die Polenta auf Teller verteilen und den Eintopf darübergeben.

RUNDUM VERSORGT:
Hülsenfrüchte haben einen moderaten Effekt auf den Blutzuckerspiegel. Und das nicht nur im Rahmen der aktuellen Mahlzeit, sondern auch in der darauffolgenden Mahlzeit – man spricht vom »Second-Meal-Effekt« (s. S. 92).

Nährwert pro Portion:

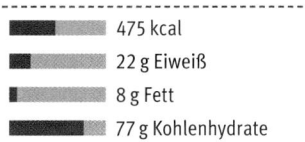

475 kcal
22 g Eiweiß
8 g Fett
77 g Kohlenhydrate

GRÜNKERNBRATLINGE
mit Mangold und Apfeldip

250 g Grünkernschrot
600 ml vegane Gemüse-
brühe
120 g Kichererbsen
(aus der Dose)
150 g vegane Crème-
fraîche-Alternative
(z. B. Creme Vega)
1 TL Senf
1 kleiner Apfel
Salz | Pfeffer
1 Mangold (ca. 600 g)
1 große Zwiebel
80 g Haselnusskerne
1 Knoblauchzehe
2 EL Rosinen
7 EL Bratöl
2 TL Currypulver
200 g Soja-Cuisine

Für 4 Personen
45 Min. Zubereitung
1 Std. Abkühlen

1 Den Grünkernschrot in der Brühe in einem Topf aufkochen und ca. 3 Min. unter Rühren garen. Die Herdplatte ausschalten und den Grünkern in der Nachhitze des Topfes zugedeckt ca. 10 Min. quellen lassen. Vom Herd nehmen und offen ca. 1 Std. abkühlen lassen. Inzwischen für den Dip Kichererbsen in einem Sieb abbrausen und abtropfen lassen. Mit Crème fraîche und Senf in einem hohen Rührbecher mit dem Pürierstab pürieren. Apfel waschen, auf der Gemüsereibe bis aufs Kerngehäuse grob raspeln und untermischen, salzen und pfeffern.

2 Mangold putzen, waschen und in ca. 1 cm breite Streifen schneiden. Zwiebel schälen und fein würfeln. Nüsse hacken. Die Hälfte der Zwiebel in eine Rührschüssel geben. Knoblauch schälen und dazupressen. Nüsse, Rosinen und abgekühlten Grünkern untermischen, mit Salz und Pfeffer würzen. Aus der Masse mit angefeuchteten Händen 8 Bratlinge (ca. 10 cm Ø) formen, dabei gut zusammendrücken. 3 EL Öl in einer großen Pfanne erhitzen und darin 4 Bratlinge bei mittlerer bis großer Hitze auf jeder Seite ca. 6 Min. braten. Dabei einmal wenden, herausnehmen und auf Küchenpapier abtropfen lassen, warm halten. Die übrigen Bratlinge in weiteren 3 EL Öl zubereiten.

3 Währenddessen das übrige Öl in einer Pfanne erhitzen, restliche Zwiebel und Mangold darin bei mittlerer Hitze unter Rühren ca. 6 Min. anbraten. Mit Currypulver würzen, Soja-Cuisine dazugießen und alles in 3–4 Min. sämig einköcheln lassen. Zum Servieren den Mangold auf Teller verteilen und je 2 Bratlinge daraufsetzen. Den Dip dazu reichen.

Nährwert pro Portion:

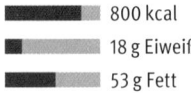

800 kcal
18 g Eiweiß
53 g Fett
62 g Kohlenhydrate

SEHR
BELIEBT BEI
KINDERN

MIT VIEL
LYSIN
AUS ERDNÜSSEN

KÜRBIS-TOMATEN-CURRY

mit Linsen-Quinoa-Mix und Erdnüssen

1 Zwiebel
1 Knoblauchzehe
1 rote Chilischote
1 kleiner Hokkaido-Kürbis
2 EL Olivenöl
½ TL Chilipulver
2 TL edelsüßes Paprika-
pulver
1 Dose stückige Tomaten
(400 g)
120 g Quinoa
120 g Berglinsen
1 Bund Petersilie
4 EL Erdnussmus
Salz | Pfeffer
40 g geröstete Erdnusskerne

Für 4 Personen
40 Min. Zubereitung

Nährwert pro Portion:

510 kcal
24 g Eiweiß
23 g Fett
51 g Kohlenhydrate

1 Zwiebel und Knoblauch schälen und fein würfeln. Chilischote waschen, längs halbieren, Kerne und weiße Trennwände entfernen und die Hälften fein hacken. Kürbis waschen, halbieren und die Kerne mit einem Löffel entfernen. Kürbisfleisch ca. 1 cm groß würfeln.

2 Das Öl in einem großen Topf erhitzen, Zwiebel, Knoblauch und Chili dazugeben und bei mittlerer Hitze ca. 4 Min. anbraten. Den Kürbis hinzufügen und alles mit Chilipulver und Paprikapulver würzen. Dann Tomatenstücke und 300 ml Wasser dazugießen. Alles einmal aufkochen und zugedeckt bei kleiner Hitze noch 18–20 Min. garen.

3 Inzwischen Quinoa und Linsen in einem Sieb abbrausen. In einem Topf mit 400 ml Wasser aufkochen, dann zugedeckt bei kleiner Hitze ca. 20 Min. garen. Dabei den Deckel nicht öffnen und nicht umrühren.

4 Zum Servieren die Petersilie waschen, trocken schütteln, Blätter abzupfen und fein hacken. Erdnussmus zum Curry geben und untermischen, mit Salz und Pfeffer würzen. Den Linsen-Quinoa-Mix auf tiefe Teller verteilen und das Curry daraufsetzen, mit Petersilie und Erdnüssen bestreuen.

TIPP:

Das Duo »Quinoa und Linsen« lässt sich jeweils durch die gleichen Mengen »Hirse und Kichererbsen« oder »Gerste und Kidneybohnen« austauschen.

SEITANSCHNITZEL

mit Kartoffelstampf

800 g mehligkochende Kartoffeln
150 ml vegane Gemüsebrühe
300 g TK-Erbsen
2 EL helles Mandelmus
2 EL Hefeflocken
2 EL Leinöl
Salz | Pfeffer
100 g Vollkorn-Weizenmehl
1 TL Chilipulver
1 TL edelsüßes Paprikapulver
150 g gemahlene Haselnusskerne
40 g Semmelbrösel
3 EL Bratöl
ca. 330 g Seitanscheiben (in Sojasauce)
100 g Preiselbeerkompott

Für 4 Personen
50 Min. Zubereitung

1 Die Kartoffeln schälen, 1–2 cm groß würfeln und in einem Topf in der Brühe zugedeckt aufkochen. Dann bei kleiner Hitze 20–25 Min. weich garen. Inzwischen die Erbsen mit 500 ml kochend heißem Wasser übergießen und mind. 5 Min. ziehen lassen.

2 Die Kartoffeln vom Herd nehmen und mit dem Kartoffelstampfer in der Brühe zerdrücken. Mandelmus, Hefeflocken und Leinöl unterrühren, mit Salz und Pfeffer würzen. Die Erbsen in ein Sieb abgießen, kurz abtropfen lassen und unter den Stampf heben. Warm halten.

3 Für die Schnitzel in einem tiefen Teller das Mehl mit Chilipulver, Paprikapulver, Salz und Pfeffer mischen. Mit 175 ml Wasser mit der Gabel glatt verrühren. Nüsse und Semmelbrösel auf einem flachen Teller mischen.

4 Das Bratöl in einer großen Pfanne erhitzen. Die Seitanscheiben erst im Mehl-Mix, dann in den Nüssen wenden. In der Pfanne bei mittlerer Hitze auf jeder Seite ca. 5 Min. backen (Achtung, die Nüsse sollen nicht verbrennen!).

5 Zum Servieren die Schnitzel mit dem Kartoffelstampf auf Teller setzen und die Preiselbeeren dazu reichen. Das Schnitzel schmeckt auch zu Salz- oder Pellkartoffeln.

RUNDUM VERSORGT:

Mandeln und Hefeflocken liefern reichlich Vitamin B2. Das wasserlösliche Vitamin ist am Fett-, Kohlenhydrat- und Proteinstoffwechsel beteiligt.

Nährwert pro Portion:

780 kcal
39 g Eiweiß
37 g Fett
71 g Kohlenhydrate

KLASSIKER
AUF GESUNDE
ART

MIT WERTVOLLEM
PFLANZEN-
EIWEISS

SPINATCURRY

mit Vollkornreis und Tofu

200 g Vollkorn-Basmatireis
2 Zwiebeln
1 Stück Ingwer (2 cm lang)
1 Dose Kichererbsen
(240 g Abtropfgewicht)
3 EL Olivenöl
2 TL Currypulver
450 g TK-Blattspinat
200 g Soja-Cuisine
1 Bio-Zitrone
Salz | Pfeffer
400 g Sesam-Mandel-Tofu
(ersatzweise ein anderer
marinierter Tofu)
2 EL Sojasauce
2 EL heller Sesam

Für 4 Personen
30 Min. Zubereitung

Nährwert pro Portion:

800 kcal
37 g Eiweiß
40 g Fett
71 g Kohlenhydrate

1 Den Basmatireis in einem Topf in wenig Wasser nach Packungsanweisung weich garen. Inzwischen Zwiebeln und Ingwer schälen und sehr fein würfeln. Die Kichererbsen in einem Sieb abbrausen und abtropfen lassen.

2 In einem Topf 2 EL Öl erhitzen und Zwiebeln und Ingwer darin bei mittlerer Hitze ca. 4 Min. anbraten, mit Currypulver würzen. Dann TK-Spinat und Kichererbsen dazugeben, 30 ml Wasser dazugießen und alles zugedeckt bei mittlerer Hitze ca. 5 Min. garen. Zuletzt die Soja-Cuisine dazugeben und alles ca. 3 Min. köcheln lassen, bis es sämig ist.

3 Inzwischen die Zitrone heiß waschen, abtrocknen und 1 TL Schale fein abreiben, dann die Zitrone halbieren und den Saft auspressen. Das Curry mit Zitronenschale, Salz, Pfeffer und 3 EL Zitronensaft abschmecken. Nach Belieben mehr Zitronensaft dazugeben, warm halten.

4 Den Tofu in ca. 1 cm große Würfel schneiden und in einer großen Pfanne im restlichen Öl ca. 10 Min. knusprig anbraten. Die Herdplatte ausschalten, Sojasauce und Sesam dazugeben und alles kräftig durchschwenken.

5 Zum Servieren den Reis auf tiefe Teller verteilen und das Curry daraufsetzen. Die Tofuwürfel darüberstreuen.

RUNDUM VERSORGT:
Sesam und Spinat liefern wertvolles Eisen, das Vitamin C aus der Zitrone fördert dessen Aufnahme.

SÜSSKARTOFFEL-KUMPIR

mit grünem Spargel und Guacamole

4 kleine Süßkartoffeln
200 g Puy-Linsen
500 g grüner Spargel
250 g Kirschtomaten
2 Avocados
1 Knoblauchzehe
1 Bio-Zitrone
Salz | Pfeffer
½ TL Chilipulver
2 EL Olivenöl
200 g Soja-Cuisine

Für 4 Personen
45 Min. Zubereitung

Nährwert pro Portion:

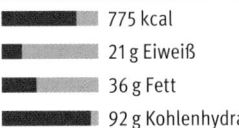

775 kcal
21 g Eiweiß
36 g Fett
92 g Kohlenhydrate

1 Den Backofen auf 200° vorheizen. Ein Backblech mit Backpapier belegen. Die Süßkartoffeln mit der Gemüsebürste gründlich waschen und der Länge nach halbieren. Mit der Schnittfläche nach unten auf dem Blech verteilen und im Ofen (Mitte) 30–35 Min. garen.

2 Inzwischen die Linsen waschen und in einem Topf in wenig Wasser nach Packungsanweisung weich garen. Den Spargel waschen, im unteren Drittel schälen und die holzigen Enden entfernen, die Stangen schräg in ca. 3 cm lange Stücke schneiden. Die Tomaten waschen und halbieren.

3 Für die Guacamole die Avocados halbieren und entkernen, das Fruchtfleisch in eine Schüssel löffeln und mit einer Gabel fein zerdrücken. Den Knoblauch schälen und dazupressen. Die Zitrone heiß waschen und die Schale fein abreiben, dann die Zitrone halbieren und den Saft auspressen. Die Guacamole mit 3–4 EL Zitronensaft, Salz, Pfeffer und Chilipulver würzen.

4 Das Öl in einer großen Pfanne erhitzen und den Spargel darin bei mittlerer Hitze ca. 8 Min. unter Rühren anbraten. Die gegarten Linsen dazugeben und alles mit Soja-Cuisine ablöschen, mit Salz, Pfeffer und Zitronenschale würzen.

5 Zum Servieren die Süßkartoffeln aus dem Ofen nehmen. Jeweils 2 Hälften auf einen Teller legen, das Spargel-Linsen-Gemüse darübergeben und mit den Tomaten bestreuen. Die Guacamole dazu reichen. Dazu passt auch noch ein herzhaftes Granola (s. S. 39).

REICH AN
EIWEISS

NASI CAMPUR

mit scharfem Linsen-Sambal und Gurkensalat

200 g Vollkorn-Basmatireis
2 EL Apfelessig
100 g rote Linsen
2 rote Paprika
1 kleine Zwiebel
2 Knoblauchzehen
1 Stück Ingwer (2 cm lang)
1 rote Chilischote
1 TL Rohrohrzucker
2 EL veganer Weißweinessig
1 Salatgurke
100 g geröstete Erdnuss-
kerne
3 EL Olivenöl
Salz | Pfeffer
400 g BBQ-Tempeh

Für 4 Personen
35 Min. Zubereitung

Nährwert pro Portion:

1160 kcal
36 g Eiweiß
29 g Fett
63 g Kohlenhydrate

1 Den Reis in einem Topf in wenig Wasser nach Packungsanweisung weich garen. Zum Servieren mit Apfelessig mischen. Die Linsen waschen und in wenig Wasser nach Packungsanweisung weich garen.

2 Inzwischen die Paprika waschen, halbieren, weiße Trennwände und Kerne entfernen und die Hälften fein würfeln. Zwiebel, Knoblauch und Ingwer schälen und grob würfeln. Die Chili waschen, halbieren, weiße Trennwände und Kerne entfernen und die Hälften grob hacken. Alles in einen hohen Rührbecher geben, Zucker und 1 EL Weißweinessig dazugeben und beiseitestellen.

3 Für den Salat die Gurke waschen, längs halbieren und auf der Gemüsereibe in feine Scheiben hobeln. Die Erdnüsse grob hacken. Die Gurke mit 2 EL Öl und übrigem Weißweinessig mischen und den Salat mit Salz und Pfeffer würzen. Die Erdnüsse untermischen. Den Tempeh ca. 1 cm groß würfeln und in einer Pfanne im übrigen Öl ca. 8 Min. braten.

4 Zum Servieren die Linsen noch warm in den Rührbecher zur Paprika geben und alles mit dem Pürierstab fein pürieren, das Sambal salzen und pfeffern. Den Reis in der Mitte der Teller anrichten und Tempeh, Linsen-Sambal und Gurkensalat portionsweise danebensetzen.

RUNDUM VERSORGT:

Die Fermentation des Tempehs sorgt für eine optimale Nährstoffaufnahme, weil sie die Sojabohnen bereits aufschließt. Enthalten sind Eisen, Protein, Lysin und Vitamin C.

KURKUMA-WURZELGEMÜSE
mit Wildreis

1,2 kg Wurzelgemüse
(z. B. Möhren, Pastinaken,
Petersilienwurzeln,
Rote Bete)
4 Zweige Thymian
3 EL Olivenöl
Salz | Pfeffer
200 g Wildreis
1 Zwiebel
3 Knoblauchzehen
1 Stück Ingwer (2 cm lang)
2 TL gemahlene Kurkuma
100 g gelbe Linsen
2 EL Zitronensaft
1 Kästchen Kresse
2 EL heller Sesam

Für 4 Personen
25 Min. Zubereitung
30 Min. Garen

Nährwert pro Portion:

500 kcal
17 g Fett
14 g Fett
74 g Kohlenhydrate

1 Den Backofen auf 200° vorheizen. Ein Backblech mit Backpapier belegen. Das Wurzelgemüse schälen, putzen und schräg in 1–2 cm große Stücke schneiden. Den Thymian waschen, trocken schütteln, die Blätter abzupfen und in einer Schüssel mit dem Gemüse mischen. 2 EL Öl, Salz und Pfeffer dazugeben und untermischen, das Gemüse auf dem Blech verteilen und im Ofen (Mitte) ca. 30 Min. garen.

2 Inzwischen den Wildreis in einem Topf in wenig Wasser nach Packungsanweisung weich garen. Für die Kurkuma-Brühe Zwiebel, Knoblauch und Ingwer schälen, sehr fein würfeln und in einem Topf im übrigen Öl bei kleiner Hitze ca. 6 Min. anbraten. Mit Kurkuma würzen und alles ca. 3 Min. unter Rühren zu einer Paste einkochen.

3 Die Linsen waschen und mit 500 ml Wasser dazugeben. Die Mischung aufkochen und zugedeckt bei kleiner Hitze ca. 10 Min. garen. Dann alles im Topf mit dem Pürierstab grob pürieren und mit Salz, Pfeffer und Zitronensaft würzen.

4 Zum Servieren die Kresse vom Beet schneiden, waschen und trocken tupfen. Den Wildreis auf Schalen verteilen und das Wurzelgemüse daraufsetzen, mit der Kurkuma-Brühe aufgießen und mit Sesam und Kresse bestreuen.

RUNDUM VERSORGT:
Kurkuma wirkt entzündungshemmend, das Gewürz am besten immer in Kombination mit schwarzem Pfeffer verzehren. Wer will, bestreut das Gemüse noch mit dem herzhaften Granola von S. 39 – für zusätzliche Mikronährstoffe.

VEGANE
KÜCHE AUS
INDIEN

TOFU-TIKKA-MASALA

mit Kürbis und Couscous

1 kleiner Hokkaido-Kürbis
200 g Sojaghurt
2 TL rote Currypaste
Salz
1 Zwiebel
200 g geräucherter Tofu
2 EL Öl
1 TL gemahlene Kurkuma
1 TL Zimtpulver
1 TL edelsüßes Paprika-
pulver
100 g rote Linsen
2 Dosen stückige Tomaten
(800 g)
200 g Vollkorn-Couscous
1 Bund Koriandergrün
(nach Belieben)

Für 4 Personen
35 Min. Zubereitung

Nährwert pro Portion:

525 kcal
28 g Eiweiß
14 g Fett
72 g Kohlenhydrate

1 Den Kürbis putzen, waschen, halbieren und die Kerne mit einem Löffel entfernen, das Kürbisfleisch in ca. 1 cm große Würfel schneiden. In einer großen Schüssel mit Sojaghurt, Currypaste und 1 TL Salz mischen.

2 Die Zwiebel schälen und fein würfeln. Tofu ca. 1 cm groß würfeln. Das Öl in einem großen Topf erhitzen und die Zwiebel darin bei mittlerer Hitze ca. 4 Min. anbraten. Tofu ca. 4 Min. braten. Mit Kurkuma, Zimt und Paprikapulver würzen und alles mischen.

3 Den Kürbis dazugeben und ca. 4 Min. unter Rühren anbraten. Die Linsen waschen und mit den Tomaten dazugeben. Alles einmal aufkochen, dann zugedeckt bei kleiner Hitze 15–20 Min. garen, bis der Kürbis weich ist.

4 Inzwischen den Couscous in einer Schüssel mit 380 ml kochend heißem Wasser übergießen und abgedeckt ziehen lassen, bis das Tikka Masala fertig ist. Zum Servieren nach Belieben das Koriandergrün waschen, trocken schütteln, die Blätter abzupfen und grob hacken. Das Curry mit Salz würzen und mit dem Couscous auf Tellern anrichten, nach Belieben mit Koriander bestreuen.

RUNDUM VERSORGT:

Nach dem Motto »A grain, a green and a bean« versorgt diese Mahlzeit Sie mit allen wichtigen Bausteinen einer veganen Ernährung, die sich untereinander aufwerten. Ein Spinatsalat mit herzhaftem Granola (s. S. 39) und Leinöl-Dressing liefert weitere für Veganer kritische Nährstoffe.

SHEPHERD'S PIE MIT LINSEN

100 g Tellerlinsen
1 kg Rote Bete
4 EL Olivenöl
1 TL Chilipulver
Salz
800 g mehligkochende
Kartoffeln
200 ml ungesüßter
Pflanzendrink nach Wahl
50 ml vegane Gemüsebrühe
2 EL Hefeflocken
2 EL Cashew-Parmesan
(Fertigprodukt)
frisch geriebene
Muskatnuss
1 Zwiebel
3 EL Tomatenmark
4 EL Sojasauce
200 g Soja-Cuisine

Für 4 Personen
45 Min. Zubereitung
55 Min. Garen

Nährwert pro Portion:

555 kcal
20 g Eiweiß
25 g Fett
62 g Kohlenhydrate

1 Den Backofen auf 200° vorheizen. Die Linsen waschen und in einem Topf in wenig Wasser nach Packungsanweisung weich garen. Die Roten Beten putzen, schälen und in ca. 1,5 cm große Würfel schneiden (Achtung, die Knollen färben stark ab!). Mit 2 EL Öl, Chilipulver und Salz mischen, auf einem Backblech verteilen und im Ofen (Mitte) ca. 25 Min. garen. Herausnehmen und beiseitestellen, die Ofentemperatur auf 180° reduzieren.

2 Inzwischen die Kartoffeln schälen und ca. 1 cm groß würfeln. In einem Topf mit Pflanzendrink und Brühe einmal aufkochen, dann zugedeckt bei kleiner Hitze in ca. 20 Min. weich garen. Im Topf mit dem Kartoffelstampfer fein zerdrücken, mit Hefeflocken, Cashew-Parmesan, Salz und 1 Prise Muskatnuss abschmecken.

3 Die Zwiebel schälen und fein würfeln. Sobald die Roten Beten fertig gebacken sind, das restliche Öl in einer großen Pfanne erhitzen und die Zwiebel darin bei mittlerer Hitze ca. 5 Min. anbraten. Das Tomatenmark dazugeben und kurz mitrösten. Die Sojasauce dazugießen und bei kleiner Hitze ca. 2 Min. einkochen lassen. Anschließend die Soja-Cuisine untermischen.

4 Rote Beten und Linsen mit der Zwiebelsauce in eine große Auflaufform (ca. 25 × 30 cm) füllen. Den Kartoffelbrei vorsichtig daraufsetzen und zu einer Haube glatt verstreichen. Die Pie im Ofen (Mitte) ca. 30 Min. backen. Herausnehmen und vor dem Servieren kurz abkühlen lassen.

Die Pie ist eine gute Möglichkeit, um Reste zu verwerten – nutzen Sie Hülsenfrüchte oder Ofengemüse genauso wie Dip- und Saucenreste. Auch nicht mehr so frisch aussehende Kräuter können in die Füllung gepackt werden.

PRIMA
RESTE-ESSEN

GRIECHISCHE ORZO-PFANNE
mit Gemüse und Dill

1 Zwiebel
2 Knoblauchzehen
2 rote Paprika
400 g Mangold
2 EL Olivenöl
1 TL Chilipulver
2 TL edelsüßes Paprika-
pulver
690 g passierte Tomaten
180 g Orzo-Nudeln (ersatzweise Hülsenfrüchtenudeln,
Garzeit ggf. anpassen!)
1 Dose Kichererbsen
(240 g Abtropfgewicht)
200 g vegane Feta-Alter-
native (z. B. Greek White
Block von Violife)
1 Bund Dill
Salz | Pfeffer

Für 4 Personen
40 Min. Zubereitung

1 Zwiebel und Knoblauch schälen und fein würfeln. Die Paprika waschen, halbieren, weiße Trennwände und Kerne entfernen und die Hälften ca. 1 cm groß würfeln. Den Mangold putzen und waschen, die Stiele in ca. 5 mm breite Streifen, die Blätter in ca. 2 cm große Stücke schneiden und separat beiseitestellen.

2 Das Öl in einem großen Topf erhitzen und Zwiebel, Knoblauch, Paprika und Mangoldstiele darin bei mittlerer Hitze ca. 4 Min. anbraten. Mit Chilipulver und Paprikapulver würzen und weitere 2 Min. braten. Passata und 200 ml Wasser dazugießen. Die Orzo-Nudeln dazugeben, alles mischen und zugedeckt bei kleiner Hitze ca. 10 Min. garen.

3 Inzwischen Kichererbsen in einem Sieb abbrausen und abtropfen lassen. Feta ca. 1 cm groß würfeln. Dill waschen, trocken schütteln, Spitzen abzupfen und fein hacken.

4 Die Mangoldblätter und Kichererbsen zum Gemüse geben, alles mischen und zugedeckt weitere 3 Min. garen. Die Orzo-Pfanne mit Salz und Pfeffer würzen und den Feta darauf verteilen, nicht umrühren. Die Herdplatte ausschalten und die Orzo-Pfanne zugedeckt in der Nachhitze der Pfanne noch ca. 3 Min. ziehen lassen. Zum Servieren die Orzo-Pfanne auf Teller verteilen und mit Dill bestreuen.

RUNDUM VERSORGT:
Nach dem Motto »A grain, a green and a bean« ergänzen sich in der Gemüsepfanne Nudeln, Mangold und Kichererbsen zu einem nährstoffreichen Gericht.

Nährwert pro Portion:

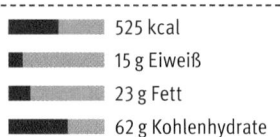

525 kcal
15 g Eiweiß
23 g Fett
62 g Kohlenhydrate

LIEFERT
REICHLICH
PROTEINE

GEFÜLLTE ZUCCHINI
mit Lupinen und Oliven

120 g Lupinenschrot
(aus dem Bio-Laden)
4 kleine Zucchini
(à ca. 250 g)
2 EL Olivenöl
2 Dosen stückige Tomaten
(800 g)
Salz | Pfeffer
120 g Kalamata-Oliven
(entsteint)
180 g vegane Feta-Alter-
native (z. B. Greek White
Block von Violife)
2 Knoblauchzehen
80 g Mandeln
1 TL getr. Oregano

Für 4 Personen
40 Min. Zubereitung
40 Min. Garen

Nährwert pro Portion:

575 kcal
21 g Eiweiß
43 g Fett
21 g Kohlenhydrate

1 Den Backofen auf 180° vorheizen. Den Lupinenschrot in einem Topf in wenig Wasser nach Packungsanweisung zubereiten. Die Zucchini putzen, waschen und längs halbieren. Die Zucchinihälften mit einem Teelöffel aushöhlen, das ausgelöste Fruchtfleisch fein hacken und in einer großen Pfanne im Öl bei großer Hitze ca. 5 Min. anbraten. Die Tomaten dazugeben, alles mit Salz und Pfeffer würzen und auf einem tiefen Backblech verteilen. Die Zucchinihälften nebeneinander auf die Tomatensauce setzen und im Ofen (Mitte) ca. 10 Min. vorgaren.

2 Währenddessen die Oliven grob hacken. Den Feta ca. 5 mm groß würfeln. Beides in einer Schüssel mit dem gegarten Lupinenschrot mischen. Den Knoblauch schälen und dazupressen. Die Mandeln grob hacken und mit dem Oregano ebenfalls untermischen, die Füllung mit wenig Salz und Pfeffer abschmecken.

3 Die vorgegarten Zucchini aus dem Backofen nehmen und die Füllung darauf hoch verteilen (übrige Füllung unter die Tomatenmasse auf dem Blech mischen). Die Zucchini im Ofen (Mitte) in ca. 30 Min. fertig garen. Herausnehmen und vor dem Servieren kurz abkühlen lassen.

RUNDUM VERSORGT:
Lupinen bringen regionale Proteinpower. Dabei ist ihr Kohlenhydrat- und Fettgehalt niedrig, was für jeden interessant ist, der abnehmen will. Durch Nüsse und Saaten als Topping können viele weitere Mikronährstoffe wie Zink, Kalzium und Eisen in den Tagesplan eingebaut werden.

GERÖSTETER BLUMENKOHL
mit Weiße-Bohnen-Hummus im Pitabrot

700 g Blumenkohl
1 TL Ras-el-Hanout
(arab. Gewürzmischung)
1 TL edelsüßes Paprika-
pulver
½ TL Chilipulver
Salz
3 EL Olivenöl
1 Dose weiße Bohnen
(240 g Abtropfgewicht)
1 Knoblauchzehe
2 EL Tahin (Sesampaste)
2 Eiswürfel
½ TL gemahlener Kreuz-
kümmel
250 g Kirschtomaten
½ Salatgurke
2 Frühlingszwiebeln
4 vegane Vollkorn-Pitabrote

**Für 4 Personen
30 Min. Zubereitung
20 Min. Rösten**

1 Den Backofen auf 200° vorheizen. Ein Backblech mit Backpapier belegen. Den Blumenkohl putzen, waschen und in 1–2 cm große Röschen teilen. In einer großen Schüssel mit Ras-el-Hanout, Paprikapulver, Chilipulver und Salz würzen und mit dem Öl mischen. Den Blumenkohl auf dem Blech verteilen und im Ofen (Mitte) ca. 20 Min. rösten.

2 Inzwischen die Bohnen in einem Sieb abbrausen, abtropfen lassen und in einen hohen Rührbecher geben. Den Knoblauch schälen, grob hacken und dazugeben. Tahin und Eiswürfel hinzufügen und alles mit dem Pürierstab cremig mixen. Den Hummus mit Kreuzkümmel und Salz würzen.

3 Tomaten waschen und ca. 1 cm groß würfeln. Gurke waschen, längs halbieren und in dünne Scheiben schneiden. Frühlingszwiebeln putzen, waschen und in dünne Ringe schneiden. Zum Servieren Blumenkohl aus dem Ofen nehmen, den Ofen ausschalten und die Pitabrote in der Restwärme des Ofens ca. 2 Min. aufbacken. Die Brote herausnehmen und innen mit Hummus bestreichen. Mit Blumenkohl, Tomaten, Gurke und Frühlingszwiebel füllen. Den übrigen Hummus dazu reichen.

VARIANTE:
Die Zutaten ergeben auch einen leckeren Brotsalat: Dazu die Bohnen ganz lassen. Das Brot ca. 2 cm groß würfeln und in einer Pfanne in 2 EL Olivenöl knusprig braten. Blumenkohl, Tomaten, Gurke, Bohnen und Brot mischen und mit Tahin, Zitronensaft und Gewürzen abschmecken.

Nährwert pro Portion:

380 kcal
15 g Eiweiß
15 g Fett
46 g Kohlenhydrate

AUBERGINENCURRY

mit Bananenpfannkuchen

2 große Auberginen
5 EL Olivenöl
Salz
3 reife Bananen
400 ml ungesüßter
Pflanzendrink nach Wahl
1 Bund Koriandergrün
190 g Vollkorn-Weizenmehl
1 TL Weinsteinbackpulver
1 Zwiebel
1 Stück Ingwer (2 cm lang)
2 rote Paprika
1 Dose schwarze Bohnen
(240 g Abtropfgewicht)
1 TL gemahlene Kurkuma
2 TL Currypulver
2 Dosen Kokosmilch
(600 ml)
Pfeffer

Für 4 Personen
40 Min. Zubereitung

Nährwert pro Portion:

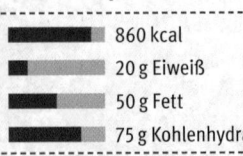

860 kcal
20 g Eiweiß
50 g Fett
75 g Kohlenhydrate

1 Den Backofen auf 180° vorheizen. Ein Backblech mit Backpapier belegen. Die Auberginen putzen, waschen und ca. 1 cm groß würfeln. Mit 3 EL Öl und Salz mischen, auf dem Blech verteilen und im Ofen (Mitte) in ca. 35 Min. knusprig garen. Herausnehmen und warm halten.

2 Inzwischen die Bananen schälen und in einer Rührschüssel mit einer Gabel fein zerdrücken. Mit dem Pflanzendrink mischen. Den Koriander waschen, trocken schütteln und die Hälfte der Blätter samt Stielen fein hacken. Mehl, Backpulver und gehackten Koriander zur Bananenmilch geben und unterrühren. Den Teig abgedeckt beiseitestellen.

3 Zwiebel und Ingwer schälen und fein würfeln. Paprika waschen, halbieren, weiße Trennwände und Kerne entfernen und die Hälften ca. 2 cm groß würfeln. Bohnen in einem Sieb abbrausen und abtropfen lassen. Zwiebel und Ingwer in einer Pfanne in 1 EL Öl ca. 4 Min. anbraten. Paprika, Kurkuma und Currypulver dazugeben und alles weitere 2 Min. braten. Mit Kokosmilch ablöschen und einmal aufkochen. Bohnen dazugeben und das Curry zugedeckt noch ca. 8 Min. garen, mit Salz und Pfeffer abschmecken.

4 Eine große Pfanne mit übrigem Öl einfetten und darin aus dem Teig 4 kleine Pfannkuchen bei mittlerer Hitze auf jeder Seite ca. 3 Min. ausbacken. Herausnehmen und auf Küchenpapier abtropfen lassen, warm halten. Aus dem Restteig noch 4 Pfannkuchen backen. Zum Servieren Curry und Auberginen auf Teller verteilen und den übrigen Koriander darüberzupfen. Die Pfannkuchen dazu reichen.

BOHNEN
+ VOLLKORN
= PROTEIN

FÜR **ALLE** SPICY-FANS

OFENKARTOFFEL-SPINAT-BOWL

mit scharfen Kichererbsen und Korianderdressing

1 kg festkochende Kartoffeln
6 EL Olivenöl
1 TL edelsüßes Paprika-
pulver
1 TL gemahlener Koriander
Salz
250 g Baby-Blattspinat
1 Bund Koriandergrün
300 g Joghurt auf
Kokosbasis
3 EL Zitronensaft
Pfeffer
1 Dose Kichererbsen
(400 g Abtropfgewicht)
3 EL Tomatenmark
1 TL Garam Masala
(ind. Gewürzmischung)
1 EL Sambal Oelek
(ersatzweise Sriracha)

Für 4 Personen
40 Min. Zubereitung

Nährwert pro Portion:

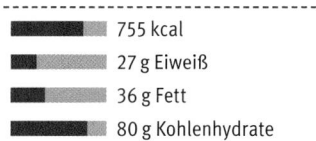

755 kcal
27 g Eiweiß
36 g Fett
80 g Kohlenhydrate

1 Den Backofen auf 200° vorheizen. Ein Backblech mit Backpapier belegen. Die Kartoffeln mit der Gemüsebürste gründlich waschen und in ca. 1 cm dicke Spalten schneiden. Mit 3 EL Öl, Paprika, Koriander und Salz mischen und auf dem Blech verteilen. Im Ofen (Mitte) ca. 35 Min. garen.

2 Inzwischen den Spinat verlesen, waschen und trocken schütteln, dabei grobe Stiele entfernen. Für das Dressing Koriander waschen, trocken schütteln, samt Stielen grob hacken und in einen hohen Rührbecher geben. Kokosjoghurt, 2 EL Öl und Zitronensaft dazugeben und alles mit dem Pürierstab cremig pürieren, salzen und pfeffern.

3 Die Kichererbsen in einem Sieb abbrausen und abtropfen lassen, dann in einer Pfanne im übrigen Öl ca. 10 Min anbraten, dabei immer wieder umrühren. Tomatenmark mit 3 EL Wasser, Garam Masala und Sambal Oelek mischen und alles unter die Kichererbsen rühren, vom Herd nehmen.

4 Zum Servieren Spinat, Kartoffeln und Kichererbsen auf Schalen (Bowls) verteilen und mit Dressing beträufeln.

RUNDUM VERSORGT:
Sowohl Spinat als auch Kichererbsen liefern reichlich Eisen, das Vitamin C aus dem Zitronensaft steigert die Aufnahme in den Körper. Gewürze wie Garam Masala verbessern die antioxidativen Kräfte der Mahlzeit. Durch eine geröstete Nuss- und Saatenmischung können leicht zahlreiche Mikronährstoffe wie Zink, Magnesium und Kalzium zusätzlich ergänzt werden.

JACKFRUIT-GULASCH
mit Sauerkraut

200 g Jackfruit-Fruchtfleisch
(aus der Dose)
2 TL edelsüßes Paprika-
pulver
½ TL Cayennepfeffer
4 EL Bratöl
2 Zwiebeln
1 rote Paprika
900 g festkochende
Kartoffeln
Salz
200 ml veganer Rotwein
1 Dose stückige Tomaten
(400 g)
½ TL Kümmelkörner
200 g Frischkost-Sauerkraut
(aus dem Frischebeutel)
3 EL Sojasauce
Pfeffer

Für 4 Personen
30 Min. Zubereitung
30 Min. Marinieren

Nährwert pro Portion:

330 kcal
8 g Eiweiß
11 g Fett
34 g Kohlenhydrate

1 Das Jackfruit-Fruchtfleisch in ein Sieb abgießen, abtropfen lassen und ca. 1 cm groß würfeln. In einer kleinen Schüssel mit 1 TL Paprikapulver, Cayennepfeffer und 2 EL Öl mischen und mind. 30 Min. marinieren. (Noch besser nimmt die Jackfruit das Aroma an, wenn man sie über Nacht in der Marinade ziehen lässt.)

2 Inzwischen die Zwiebeln schälen und ca. 1 cm groß würfeln. Die Paprika waschen, halbieren, weiße Trennwände und Kerne entfernen und die Hälften ca. 1,5 cm groß würfeln. Die Kartoffeln mit einer Gemüsebürste gründlich säubern, in ca. 2 cm große Stücke schneiden und in einem Topf in wenig Salzwasser zugedeckt in ca. 20 Min weich garen. Abgießen und kurz ausdampfen lassen.

3 Das restliche Öl in einem großen Topf erhitzen und die marinierten Jackfruit-Würfel darin bei großer Hitze ca. 5 Min. rundum anbraten. Herausnehmen und beiseitestellen. Zwiebeln und Paprika in der Pfanne bei mittlerer Hitze ca. 4 Min. anbraten, dann das restliche Paprikapulver dazugeben und alles mischen. Das Gemüse mit Rotwein ablöschen und bei großer Hitze solange köcheln lassen, bis der Rotwein etwa auf die Hälfte eingekocht ist.

4 Dann Tomatenstücke, Jackfruit-Würfel und Kümmel dazugeben, alles zugedeckt noch ca. 10 Min. garen. Inzwischen das Sauerkraut in ein Sieb abgießen und abtropfen lassen. Zum Servieren das Sauerkraut unter das Gulasch heben und alles mit Sojasauce, Salz und Pfeffer würzig abschmecken. Mit den Kartoffeln auf Tellern anrichten.

KLASSIKER IN VEGANEM GEWAND

LIEFERT
GESUNDE
FETTSÄUREN

GRAUPEN-BROKKOLI-BOWL
mit Kürbiskern-Limetten-Dressing

220 g Gerstengraupen
(ersatzweise Hirse)
Salz
800 g Brokkoli
1 Avocado
1 Bund Petersilie
1 Bio-Limette
60 g Kürbiskerne
½ TL Rohrohrzucker
2 EL Leinöl (nach Belieben)
1 Dose Kidneybohnen
(240 g Abtropfgewicht)

Für 4 Personen
30 Min. Zubereitung

Nährwert pro Portion:

515 kcal
19 g Eiweiß
23 g Fett
57 g Kohlenhydrate

1 Die Graupen in einem Topf in wenig Wasser nach Packungsanweisung weich garen. In einem großen Topf mit Dämpfeinsatz bzw. passendem Sieb 2–3 cm hoch Salzwasser aufkochen. Den Brokkoli putzen, waschen und in ca. 2 cm große Röschen teilen, Stiele schälen und in ca. 1 cm dicke Stücke schneiden. Brokkoli im Dämpfeinsatz über dem heißen Wasserdampf in 10–15 Min bissfest garen.

2 Inzwischen für das Dressing die Avocado halbieren, entkernen und das Fruchtfleisch in einen hohen Rührbecher löffeln. Die Petersilie waschen, trocken schütteln, die Blätter abzupfen und grob hacken. Die Limette heiß waschen, abtrocknen und 1 TL Schale fein abreiben, dann die Limette halbieren und den Saft auspressen. Petersilie, Limettenschale und -saft, Kürbiskerne, 150 ml Wasser, Zucker sowie ½ TL Salz zur Avocado geben und alles mit dem Pürierstab cremig pürieren. Nach Belieben das Leinöl und, falls nötig, noch bis zu 50 ml Wasser unterrühren.

3 Zum Servieren die Kidneybohnen in einem Sieb abbrausen und abtropfen lassen. Die Graupen mit Brokkoli und Bohnen auf Schalen (Bowls) verteilen und mit reichlich Dressing servieren. Das reichhaltige Dressing passt auch zu Blattsalaten und eignet sich als Brotaufstrich.

RUNDUM VERSORGT:
Hier werden Mikronährstoffe wie Eisen, Kupfer, Magnesium, Phosphor, Mangan und Zink aufgefüllt, die sowohl in Graupen als auch in Kürbiskernen reichlich vorhanden sind.

MINESTRONE
mit Zitronen-Topping

1 Zwiebel
2 Knoblauchzehen
4 Stangen Staudensellerie
350 g Tomaten
1 Zucchino
2 EL Olivenöl
300 g TK-grüne-Bohnen
200 ml veganer Weißwein
800 ml vegane Gemüse-
brühe
1 TL getr. Oregano
1 TL getr. Thymian
1 Dose weiße Bohnen
(240 g Abtropfgewicht)
125 g Vollkorn-Suppen-
nudeln (ersatzweise Kicher-
erbsen-Reisnudeln)
1 Bund Petersilie
1 Bio-Zitrone
3 EL Leinöl

Für 4 Personen
30 Min. Zubereitung

1 Für die Minestrone Zwiebel und 1 Knoblauchzehe schälen und fein würfeln. Den Sellerie putzen, waschen und in ca. 5 mm dicke Scheiben schneiden. Die Tomaten waschen und ca. 1 cm groß würfeln, dabei die Stielansätze entfernen. Den Zucchino putzen, waschen und ca. 1 cm groß würfeln.

2 Das Olivenöl in einem großen Topf erhitzen und Zwiebel und Knoblauch darin ca. 4 Min. anbraten. Den Sellerie dazugeben und weitere 4 Min. braten. Tomaten, Zucchino und TK-Bohnen dazugeben und alles noch ca. 4 Min. braten. Den Weißwein dazugießen und ca. 5 Min. einkochen lassen. Dann Brühe, Oregano und Thymian dazugeben und alles zugedeckt noch ca. 5 Min. garen.

3 Inzwischen die Bohnen in einem Sieb abbrausen und abtropfen lassen, mit den Nudeln zum Gemüse geben und alles solange garen, bis die Nudeln laut Packungsanweisung gar sind. Die Petersilie waschen, trocken schütteln, die Blätter abzupfen und fein hacken. Die Zitrone heiß waschen, abtrocknen und die Schale fein abreiben. Übrigen Knoblauch schälen und durchpressen. Petersilie, Zitronenschale, Knoblauch und Leinöl mischen. Zum Servieren die Minestrone mit Salz und Pfeffer würzen, auf tiefe Teller verteilen und mit dem Zitronen-Mix bestreuen.

RUNDUM VERSORGT:

Viele frische Kräuter werten die Mahlzeit mit antioxidativen Kräften auf. Die weißen Bohnen sind zudem sehr ballaststoff- und proteinreich. Wer noch 50 g Mandeln hackt und unter das Zitronen-Topping mischt, sorgt für mehr Zink.

Nährwert pro Portion:

410 kcal
16 g Eiweiß
15 g Fett
42 g Kohlenhydrate

EXTREM
BALLAST-
STOFFREICH

GRÜNKOHL-LASAGNE

mit Cashew-Béchamel

200 g Cashewkerne
2 Zwiebeln
4 Knoblauchzehen
200 g Naturtofu
2 EL Olivenöl
2 EL getr. italien. Kräuter
1 Dose stückige Tomaten
(400 g)
Salz | Pfeffer
2 EL Hefeflocken
1 TL vegane Gemüsebrühe
(Instant)
2 EL Zitronensaft
300 g TK-Grünkohl
frisch geriebene Muskat-
nuss
ca. 12 Vollkorn-Lasagne-
platten
4 EL Cashew-Parmesan

Für 4 Personen
30 Min. Zubereitung
40 Min. Garen

Nährwert pro Portion:

760 kcal
27 g Eiweiß
39 g Fett
74 g Kohlenhydrate

1 Den Backofen auf 180° vorheizen. Die Cashewkerne mit 400 ml Wasser einweichen und beiseitestellen. Zwiebeln und Knoblauch schälen und fein würfeln. Den Tofu fein zerbröseln. Das Öl in einer großen Pfanne erhitzen und Zwiebeln, Knoblauch und Tofu darin bei großer Hitze ca. 5 Min. unter Rühren anbraten. Mit den Kräutern würzen und die Tomaten dazugeben, alles einmal aufkochen, vom Herd nehmen und kräftig salzen und pfeffern.

2 Die Cashewkerne samt Einweichwasser in den Standmixer geben. Hefeflocken, Brühe und Zitronensaft dazugeben und alles mind. 2 Min. cremig pürieren. In einem kleinen Topf zwei Drittel der Cashewmischung und den TK-Grünkohl unter Rühren langsam erhitzen, bis der Grünkohl aufgetaut ist. Mit 1 Prise Muskatnuss und Pfeffer würzen.

3 In einer große Auflaufform (ca. 25 × 30 cm) etwas Cashew-Mix verteilen und 4 Lasagneplatten darauflegen. Dann Tofu-Bolognese und Grünkohl-Béchamel nacheinander darübergeben. In der gleichen Reihenfolge zwei weitere Schichten einfüllen. Zuletzt die restliche Cashew-Béchamel darübergießen und alles mit Cashew-Parmesan bestreuen.

4 Die Lasagne im Ofen (Mitte) ca. 40 Min. garen, danach im ausgeschalteten Ofen noch ca. 8 Min. ruhen lassen. Aus dem Ofen nehmen und servieren.

RUNDUM VERSORGT:

Grünkohl, Hefeflocken und Cashewkerne sind Vitamin-B2-reich. Der Tofu sowie die Vollkornnudeln liefern Protein.

SCHMECKT
AUCH
KINDERN

SACHREGISTER

REZEPTREGISTER

Damit Sie die Rezepte mit bestimmten Zutaten noch schneller finden, sind in diesem Register auch beliebte Zutaten wie **Cashewkerne** oder **Tomaten** alphabetisch eingeordnet und hervorgehoben. Darunter finden Sie das Rezept Ihrer Wahl.

APPETIT AUF MEHR?

ISBN 978-3-8338-7302-7

ISBN 978-3-8338-7570-0

ISBN 978-3-8338-4311-2

ISBN 978-3-8338-7588-5

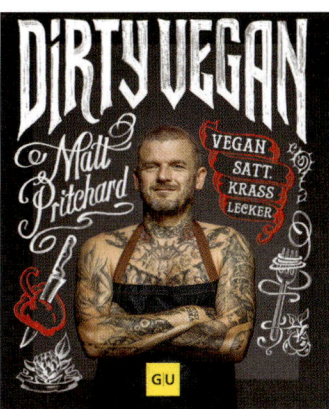

ISBN 978-3-8338-7594-6

ISBN 978-3-8338-5701-0

 Auch als eBook erhältlich.

Mehr von GU auf **www.gu.de** und **facebook.com/gu.verlag**

Projektleitung: Verena Kordick, Melanie Loser
Lektorat: Kathrin Gritschneder
Korrektorat: Adriane Andreas
Innen- und Umschlaggestaltung: independent Medien-Design, Horst Moser, München
Herstellung: Renate Hutt
Satz: Longo AG, Bozen
Reproduktion: Longo AG, Bozen
Druck und Bindung:
Firmengruppe APPL, aprinta druck, Wemding

Syndication:
www.seasons.agency
Printed in Germany

2. Auflage 2021
ISBN 978-3-8338-7735-3

Ein Unternehmen der
GANSKE VERLAGSGRUPPE

Die Fotografin

Katrin Winner fand ihre berufliche Erfüllung, indem sie ihre Leidenschaft für gutes Essen mit ihrer künstlerischen Kreativität verband. Seit 2018 betreibt sie ihr eigenes Atelier für Food- und Still-Life-Fotografie in München. An diesem Buch arbeitete sie zusammen mit ihrem Team, den Foodstylisten **Alissa Poller** und **Daniel Schwarz**.

Die Illustratorin

und Infografikerin **Ela Strickert** aus Hamburg verwandelt komplexe Inhalte in anschauliche Grafiken. Mit viel Liebe zum Detail hat sie die Erklärungen und Tipps rund um das Thema vegane Ernährung umgesetzt.

Bildnachweis

Alle Fotos: Katrin Winner; außer: Coverfoto: Coco Lang; Autorenfoto Merz: Andrea Mühleck; Bild auf S. 15: iStock; Bild auf S. 16: Shutterstock; Bilder auf S. 20 und 26: Adobe Stock; Bild auf S. 21: Stocksy; Bild auf S. 29: Getty Images; alle Grafiken: Ela Strickert, Hamburg

Titelrezept

Süßkartoffelkumpir mit grünem Spargel, S. 126, bestreut mit herzhaftem Granola, S. 39

www.facebook.com/gu.verlag

LIEBE LESERINNEN UND LESER,
wir wollen Ihnen mit diesem Buch Informationen und Anregungen geben, um Ihnen das Leben zu erleichtern oder Sie zu inspirieren, Neues auszuprobieren. Wir achten bei der Erstellung unserer Bücher auf Aktualität und stellen höchste Ansprüche an Inhalt und Gestaltung. Alle Anleitungen und Rezepte werden von unseren Autoren, jeweils Experten auf ihren Gebieten, gewissenhaft erstellt und von unseren Redakteuren/innen mit größter Sorgfalt ausgewählt und geprüft.
   Haben wir Ihre Erwartungen erfüllt? Sind Sie mit diesem Buch und seinen Inhalten zufrieden? Wir freuen uns auf Ihre Rückmeldung. Und wir freuen uns, wenn Sie diesen Titel weiterempfehlen, in Ihrem Freundeskreis oder bei Ihrem online-Kauf.
   Sollten wir Ihre Erwartungen so gar nicht erfüllt haben, tauschen wir Ihnen Ihr Buch jederzeit gegen ein gleichwertiges zum gleichen oder ähnlichen Thema um.

KONTAKT ZUM LESERSERVICE
GRÄFE UND UNZER VERLAG
Grillparzerstraße 12
81675 München
www.gu.de

Umwelthinweis:
Dieses Buch ist auf PEFC-zertifiziertem Papier aus nachhaltiger Waldwirtschaft gedruckt.

Backofenhinweis:
Die Backzeiten können je nach Herd variieren. Die Temperaturangaben in unseren Rezepten beziehen sich auf das Backen im Elektroherd mit Ober- und Unterhitze und können bei Gasherden oder Backen mit Umluft abweichen. Details entnehmen Sie bitte Ihrer Gebrauchsanweisung.